최단기에
1억 원 모으는 법

평범한 당신의 인생을 바꿀

A HUNDRED

최단기에 1억 원
모으는 법

주이슬 지음

MILLION

100,000,000

KRW

종잣돈 1억 원이 당신의 인생을 바꾼다!

매일경제신문사

종잣돈 1억 원이
당신의 인생을 바꿀 것이다

나는 나와 같이 직장생활에 지친 분들을 위해 이 글의 원고를 써 내려갔다. 직장을 다녔을 때 내가 원한 것은 그리 크지 않았다. 오후에 잠시나마라도 누릴 수 있는 커피 한 잔의 여유가 간절했을 뿐이다. 자유롭게 생각을 확장할 수 있는 그런 시간이 주어졌으면 하는 바람이었다. 하지만 나의 현실은 한 평 남짓한 새마을금고 2번 창구에서 끊임없이 번호표를 눌러야 했다. 잠시라도 생각할 겨를 없이 끊임없는 일의 연속이었다. 그리고 나는 거대한 기계의 부품이 되었음을 인정했다. 그리고 열망했다.

내가 원하는 시간에 일어나고, 나의 삶을 주도적으로 사는 모습을 원했다. 그리고 내가 좋아하는 일을 하며 사는 모습을 상상했다. 창구 바깥에서 보이는 비둘기들도 여유롭게 원하는 곳으로 갈 수 있는데, 하물며 가장 귀하게 태어났다는 인간인 나는 왜 나를 이곳에 스스로 가두고 있는 것일까 하는 의문이 들었다. 초봄의 햇살은 너무나도 눈이 부셨다. 그리고 나는 그곳에서 자유를 꿈꿨다.

1억 원이라는 돈을 나의 꿈을 이루는 종잣돈으로 생각한 이유는 간단하다. 신입사원이던 시절, 내 직장 상사였던 대리님이 목돈 1억 원을 모았을 때 사람들이 모두 대단하다고 칭찬했고, 대리님의 뿌듯해하는 표정을 보았기 때문이다. 그래서 나는 상징적으로 목돈이라고 하면 1억 원을 생각하게 되었다.

2023년 7월 말경, 나에게 ETF 교육을 들은 수강생 A는 경찰공무원이었다. 퇴직 후 매월 목돈으로 월급만큼 돈을 벌기를 원한다고 했다. 그는 2020년 주식 열풍이 불었던 시기에 대출까지 받아 투자를 시작했다고 한다. 그리고 원금에서 2배가 되었을 때 수익 실현을 하지 않았다. 가지고 있는 주식이 계속 올라가자 직장을 그만두었다고 했다. 하지만 다시 주식이 떨어지기 시작한 고물가 시기에 원금마저 위협을 받자 손실이었지만 두려움에 주식을 모두 팔았다고 했다. 한번 이런 경험을 하고 나니 매월 수익을 내는 투자가 오히려 마음이 편하다는 사실을 알았다고 했다.

2023년 8월과 9월은 러시아-우크라이나전과 미국 중앙은행의 긴축발언, 중동 분쟁까지 발생해 주식 시장이 힘들었다. 그렇지만 그의 수익 실현 금액은 4,000만 원에 육박했다. 가지고 있던 목돈이 2억 원이었고, 비상시가 아니면 1억 원 정도로 자금을 굴리고 싶다고 했다. 어떻게 이런 일이 있을 수 있을까? 그에게는 목돈이 있었기 때문에 가능한 일이었다.

자유를 꿈꿨던 시기에 나는 항상 주식 투자에 가장 몰두했다. 다른 자산 투자와 자기계발을 통한 사업을 꿈꾸기도 했지만, 내가 가장 흥미로워하고 좋아하는 것은 주식이었다. 그래서 "주식은 위험하다. 주식 투자는 도박이다"라고 하는 가족들의 말들을 흘려듣고, 계속해서

답을 찾아나갔다. 그리고 마침내 나는 자산 시장의 사이클이 있다는 것을 알았고, 이를 활용한 투자를 꾸준히 해 나갔다. 그리고 내가 하는 ETF 순환매매법을 책으로, 블로그와 유튜브를 통해 알리는 역할을 하고 있다.

당장 가지고 있는 여유자금이 없더라도 돈을 불리고, 관리하며, 쓰는 법을 익혀 두지 않으면, 큰돈이 생겼을 때도 어이없는 이유로 사라지고 만다. 나는 스스로 그런 경험을 했지만, 많은 사람의 재무 컨설팅을 하면서도 알게 되었다. 큰돈을 다루어 본 적 없는 사람들은 가지고 있는 돈을 지키지 못했다. 그래서 스스로 번 목돈은 정말 귀한 가치를 가지고 있다. 내가 가지고 있는 돈을 계속해서 불려 나갈 힘을 키워야만 목돈을 지킬 수 있다.

지금, 이 순간에도 물가는 계속 오르고 있다. 소리 없는 도둑인 인플레이션은 끝난 것이 아니다. 나는 가만히 있으려 해도 가만히 그 자리에 있을 수가 없다는 것이다. 안정을 위해 직장과 자영업을 택한 사람들은 불안정의 절벽으로 계속 밀려가고 있다. 결국 그 끝에서 불안한 투자를 선택할 것인지, 지금 이 순간에 투자를 할 것인가의 차이만 있을 뿐이다.

지금 시대에 돈 공부는 선택이 아니라 생존이다. 그래서 내가 하는 일에 자부심이 있다. 사람은 누구나 자유를 원하고, 존재의 근원이 확장을 원하기 때문이다. 우리의 영혼은 갇혀 있는 기분이 들면 힘들어

한다. 돈 때문에 어쩔 수 없이 해야만 하는 일을 하는 시간을 견디지 못하는 순간들이 온다. 갑자기 질병이나 사고를 통해 올 수도 있다.

많은 사람이 직장에 다니며 할 수 있는 또 다른 부업들을 찾고 있다. 더 이상 월급만으로는 버틸 수 없는 세상이 오고 있기 때문이다. 누군가는 미리 뿌려 둔 씨앗이 자라 나무에서 열린 과일을 때가 되면 시기마다 따고 있다. 하지만 씨앗조차 뿌리지 못한 채 주어진 일만 처리하던 직장인들도 이제는 또 다른 씨앗을 심기 위해 고군분투하고 있다. 금융자본주의는 우리를 가만히 내버려 두지 않는다.

불안, 불만, 불행 등 '불(不)'로 시작하는 것이 나를 움직이게 한 자극제였다. 그 순간들에는 시련처럼 보였지만, 지금 생각해보면 기회는 언제나 시련의 가면을 쓰고 온다. 견디기 힘들었던 순간들이 있었기 때문에 나는 부단히 움직이고 생각을 실행할 수 있었다. 그때 절대로 무너지지 않을 것처럼 보였던 성벽이 사실은 내가 만든 벽이었음을 알았다. 직장인으로 살아가는 것이 가장 안정적이고 평범한 행복을 누릴 수 있는 삶이라고 단정 지었기 때문이다.

이 책을 우연히 보게 된 당신은 지금 어떠한가? 이 순간 원하는 사람들과 원하는 곳에서 원하는 일만을 할 수 있는 자유가 있는가? 아니면 지금도 충분하다며 만족하는 삶을 살고 있는가? 그것도 아니라면 우리에게 공짜로 주어지는 계절의 변화를 느끼고 있는가? 따사로운 햇살과 천진난만한 아이들의 웃음소리와 풀벌레 소리에도 귀 기울일 수 있는 영혼의 떨림을 느끼고 있는가?

현실에 부딪혀 냉소적으로 반응하고, 나도 모르는 사이 안색이 어두워지고 있는 자신을 유심히 관찰했던 적은 언제였는지 생각해보라. 무리에서 튀지 않기 위해 무채색 옷만을 입고, 자신을 죽이고 계속해서 이렇게 사는 것만이 최선이라며 자조하고, 자기를 한계에 가두고 있지는 않은지 말이다.

내 삶에 가장 큰 변화는 책을 쓴 이후 시작되었다. 내가 가지고 있는 경험을 나누고 성장하고자 하는 많은 사람과 만날 수 있는 기회가 열렸기 때문이다. 〈한국책쓰기강사양성협회〉의 김태광 대표님과 권동희 대표님은 나의 가장 큰 멘토다. 두 분 덕분에 책을 쓰며 살아가는 기쁨을 알았다. 이 책을 통해 감사함을 전한다.

나는 지금 내가 운영하는 〈한국금융투자코칭협회〉의 회원들과 새로운 이야기들을 계속 써 나가고 있다. 경제적 자유를 이루고 정말로 이 세상에 태어난 이유인 비전을 실행하는 꿈이 있는 사람들과 함께하고 있다. 그리고 언제나 아이처럼 웃고 노래하기를 좋아하는 사랑이 많은 내 가족들에게 감사하다. 존재만으로도 힘이 되는 나의 사람들에게 모두 감사하다. 당신도 인생 영화의 주인공으로, 자기 삶을 천국의 존재들과 환경으로 가득 채우길 기원한다. 마지막으로, 경제적 자유에 대한 열망을 불 지펴 그 시작을 함께할 수 있어 감사하다.

주이슬

CONTENTS

4장. 최단기간에 1억 원 만들기 전략 6단계

5장. 최단기간에 1억 원 만들고 싶은 직장인을 위한 특별 노하우

1장

1억 원, 우리의 인생을 바꿀 수 있는 돈이다

종잣돈 1억 원이
경제적 자유를 부른다

더 이상 나의 귀중한 시간을 돈으로 바꾸지 마라

이 책은 통장 잔고를 보면 한숨부터 나오는 사람들에게 큰 도움이 될 것이다. 마이너스만 가득한 지금까지의 패턴을 바꾸는 것은 쉽지 않다. 대부분 사람은 현실에 안주하며 쉽게 경제적 자유를 포기할 수도 있다. 하지만 확신만 가지고 있다면, 생각보다 수월하게 시작할 수 있다. 어느 날 우연히 본 한 문장이 내 인생을 바꿨다.

'시간을 돈으로 바꾸는 인생.'

'원하는 순간에, 원하는 곳에 있지 못하는 인생을 살고 있구나!'라는 충격이 나를 움직이게 했다. 하지만 막상 돈을 빠르게 모으고 싶어서 무작정 저축을 시작했을 때도, 은행원으로 업계에서 일을 해왔지만, 나 역시 이 원리에 대해 정말로 이해하고 있지 못했다. 우리가 지금까지 배운 교육은 주체적인 창조의 일을 하는 것보다는 기계의 톱니바퀴 역할을 훈련해왔을 확률이 높다.

아침에 눈을 뜨기 힘든 이유가 무엇일까? 정말 원하는 삶을 살고 있다면, 기대와 설렘으로 눈이 번쩍 떠진다. 그런데 나는 회사에 다니던 때 아침마다 잠과 사투를 벌였다. 헐레벌떡 일어나 빠르게 샤워하고 회사로 뛰어간다. 정신없이 시작한 아침처럼 그날 하루는 정신없이 일어난 일들을 처리하는 데 급급했다. 매일 오전 8시까지 출근해서 당연한 듯이 야근하며 나는 주체적인 삶을 잃었다.

누구나 신입사원 시절에는 의욕이 있다. 이 회사의 '주인'인 것처럼 일하라는 주인 정신을 가지고 무엇이든 "제가 하겠습니다!" 외치던 시절이 있다. 은행원이 되고 싶었던 대학 시절의 꿈을 이루었고, 입사 후 나의 꿈은 빠르게 인정받아 지점장이 되는 것이었다. 그래서 매일 하는 야근도 즐겁게 했다. 회사 내에 있는 모든 프로젝트팀에 들어가 영혼을 다해 일했다. 그렇게 하면 원하던 부자가 되고, 인정도 받을 수 있을 것으로 생각했기 때문이다.

그러던 어느 순간 내 옆에서 일하던 동료들이 떠나가는 모습을 보았다. 회사에서 일한 것은 창업자금을 모으기 위해서였다며, 5,000만 원이 통장에 모이자 바로 사표를 쓴 선배를 보았다. 그 모습을 보며 회사를 끝까지 다니지 않는 사람들도 많다는 것을 알았다. 나의 아버지는 어려서부터 한 회사에 진득하게 다니며 가정을 이끌어왔다. 그래서 그 일찍 퇴사한 선배의 모습은 나와는 다른 세상 사람 이야기라고 생각했다.

나는 분명히 은행원이 되겠다는 꿈을 이루었다. 그런데 이상하게도 매일 열심히 사는데 마음이 답답하고 화가 났다. 어스름한 새벽에 출근해서 캄캄한 밤이 되어서야 잠시라도 '생각'이라는 것을 할 수 있는 나만의 시간이 너무나 부족하다는 생각에 억울했다. 창구에 앉아 번호표를 뽑다 보면 끊임없이 일 처리를 해야 했고, 잠시라도 생각에 잠기고 싶었다. 시간적 여유에 대해 간절함이 생겼다. 햇살이 비치는 창밖을 보며, 1평 남짓한 창구 안에서 한 발짝도 나가지 못하는 나의 상황이 마치 감옥에 있는 죄수와 같았다. 그래서 결심했다.

'돈을 만드는 시스템을 스스로 만들면, 내가 원하는 것을 이룰 수 있을 것이리라!'

스스로 모은 1억 원이 가진 힘

처음 목표는 1억 원이었다. 자본금 1억 원을 모을 수 있는 능력을 지니게 되면, 그 이후는 분명 복리로 돈이 불어날 것이기 때문이었다. 그리고 경제적 자유를 이루는 것이 더 빨라질 것이라는 믿음이 있었다. 첫 월급을 받고 부모님께 선물을 드렸다. 이후부터는 20만 원 남짓한 용돈을 빼고는 모두 저축했다. 운이 좋게도 금융권인 새마을금고를 다녔기 때문에, 저축을 하는 데는 아주 최적의 환경이었다.

회사에서는 유니폼을 입었다. 나는 옷에 대한 욕심이 없어 옷을 사지 않았고, 회사 근처로 신혼집을 얻어 대중교통을 이용하지 않아 비용을 절약할 수 있었다. 점심은 쿠폰으로 4,500원 정도 하는 한식뷔페에서 먹거나, 선배들이 사주기도 했다. 저녁은 항상 야근 식대를 올려 회사에서 해결할 수 있었다. 그러다 보니 아주 기본적인 비용 빼고는 모든 돈을 저축할 수 있었다. 새마을금고는 저축 이율이 높다 보니 생각보다 목돈이 수월하게 모였다. 그리고 신입 1년 차에 시작했던 ETF 투자 역시 좋은 수익률을 냈다. 2년 만에 1억 원이라는 돈을 굴리는 회사원이 되었다. 나는 통장에 1억 원을 굴리는 그때부터 급격한 성장을 했다. 선택권이 많아진 것이다.

우리는 왜 회사에 다니는 것일까? 일하며 성취감을 느끼고 만족하는 연봉을 받을 수 있다면 다행이다. 그렇지만 영혼이 사라지는 것 같은 느낌을 받고 있을 수 있다. 그것은 내가 원하는 진짜 소명이 아닐 수 있다. 그럴 때는 빠르게 지금 하는 일은 아르바이트일 뿐이라고 생각하라. 그리고 돈을 모아 정말 원하는 일들을 해야겠다는 결심을 해야 한다.

그동안 살아오면서 무의식에 있던 잠재의식이 지금의 나를 만들었다. 부모님은 회사에 다니는 것은 안정적이고, 좋은 것이라고 하셨다. 공무원이나 선생님이 되기를 바라셨지만, 이상하게도 청개구리 심보가 있던 나는 싫다고 했다. 그리고 대학 시절 이리저리 색다른 일을 찾기 위해 여러 경험을 했다.

하지만 결국 방황 끝에 내가 선택한 직업은 무의식에 심겨 있던 안정적인 직업이었다. 그렇게 현실에 만족해야 한다는 생각이 나를 지배했다. 그리고 내가 택한 직업 안에서 더 높은 곳으로 가기 위해 아등바등했다. 그렇지만 주변에 있던 동료들을 보며, 다른 선택에 관한 고민을 하게 되었다. 선배들을 보니 내 인생은 그렇게 살고 싶지 않았다. 그래서 신입 때부터 악착같이 돈을 모았다. 그렇게 해야만 이곳에서 벗어날 수 있을 것으로 생각했기 때문이다.

돈 공부가 처음인 초보자의 돈 모으기 함정

처음에 내가 그랬듯이 많은 사람이 잘못 생각하는 것이 있다. 그냥 아무 노력 없이 돈이 눈앞에 나타났으면 좋겠다고 생각하는 것이다. 갑자기 돈이 생겨서 1억 원이 된다면, 그것은 오히려 독이 된다. 하지만 돈을 모을 방법을 알고, 반복해 실행할 수 있다면, 정말로 원하는 경제적 자유를 누릴 수 있게 되는 것이다.

내가 찾아 헤맸던 것이 바로 그 방법이다. 더하기가 아니라 곱하기로 돈을 불릴 수 있는 방법을 찾았다. 그렇지만 아주 중요한 사실 중 하나는 곱하기 위해서는 반드시 0이 아닌 숫자가 존재해야 한다. 그러므로 목돈 1억 원이 중요한 것이다.

요즘은 많은 사람이 자산이 불어나는 속도를 보며, 1억 원이 무슨 돈이냐고 하는 사람들도 있다. 하지만 중요한 것은 그 돈을 모으기까지 겪은 자기 경험이다. 자신만의 경험은 앞으로의 돈을 더 빠르고 크게 불러들일 초석이 된다.

자신의 힘으로 1억 원을 모아본 사람은 안다. 그 안에 얼마나 많은 이야기가 담겨 있는지 알기 때문에 자신감을 가지고 앞으로 나아간다. 해냈다는 성취감으로 더 많은 일에 도전한다. 돈은 성장하는 사람에게 더 많은 기회를 주기 위해 몰려온다. 나의 삶이 소중하다면 지금부터 종잣돈 1억 만들기를 시작하라.

종잣돈 1억 원,
경제적 자유로 가는 초석이다

1억 원, 지금 당장 보이지 않아도 내가 가진 것처럼 느껴라

나는 지금 3기 신도시에 남편과 살고 있다. 이곳은 처음 신도시로 선정되었을 때만 해도 허허벌판이었다. 지금은 수많은 사람이 살며, 지하철이 들어오고, 낮과 밤이 따로 없이 사람들로 붐비는 곳이다. 이렇게 도시가 형성되는 과정을 볼 때마다 처음 공사를 시작할 때의 모습을 보며, 대도시의 모습을 상상할 수 있는 사람들이 더 빠르게 좋은 곳을 선점할 수 있다는 것을 알게 되었다. 이처럼 어떤 일이든 처음이 있다. 돈을 모으고 키우는 것에서, 경제적 자유로 가는 초석은 종잣돈 1억 원을 모으는 것이다.

경제적 자유를 꿈꾸는 사람들은 많다. 하지만 어떻게 시작해야 할지 모르는 사람들이 대부분이다. 그렇다면 처음 스텝으로 종잣돈 1억 원을 만들 것을 권한다. 은행 창구에서 일하면서 많은 사회 초년생들을 만났다. 직장인분들은 월급을 모으기 위해 적금 통장을 만들러 왔다.

당시 여러 사람이 있었지만, 아직도 기억에 남는 여성 두 분이 있다. 한 분은 직장생활을 시작한 지 5년이 지났지만, 월급이 들어오는 대로 쓰다 보니 한 푼도 모으지 못했다고 했다. 5년이 지난 후에야 자신의 상황을 직시해, 바로 은행에 와서 적금을 만들러 왔다는 분이었다.

다른 한 분은 일찍 끝나는 날이면, 은행 창구가 문이 내린 후에도 부탁해 어떻게든 적금과 예금을 이어가며 1억 원을 모은 분이었다. 그분은 만기 때마다 자주 은행에 왔고, 내가 그분을 알게 된 지 1년 정도 후에는 결혼 후 바로 아이를 낳아 새로운 인생을 시작하셨다. 비슷한 직장생활 기간을 가지고 있지만, 한 분의 얼굴은 후회로 가득했고, 다른 한 분의 얼굴은 매일 새로운 시작을 꿈꾸는 빛나는 표정이었다.

우리가 보통 경제적 자유를 이루기 위해 꿈꾸는 것은 매달 100만 원에서 500만 원 정도 월급만큼의 돈이 꾸준히 나오는 파이프라인일 것이다. 그렇다면 직장인이 월급이 아닌, 다른 수단으로 매달 돈이 들어오는 수단에는 무엇이 있는가? 월세, 배당금, 영업 수당, 주식 차익, 사업 매출, SNS 활동 수익, 인세, 강연비, 앱 수익 등 떠오르는 것들이 있을 것이다. 잠시 백지나 이 책의 여백에 나의 머니 트리를 적어 보라.

머니 트리 써보기는 내가 회사에 다니며 다른 부수입을 만들기 위해 맨 처음 했던 일이다. 생각하고 글로 쓴 것은 무엇이든 이룰 능력이 있다는 글을 보고, 돈이 되는 수단에는 어떤 것이 있는지 모두 적어 보았다. 그리고 당장 내가 하는 것은 무엇이 있는지 체크를 해보니 월급 외로 주식 정도만 체크가 되었다. 다른 것들은 지금 내가 하는 것이 없다는 결론이 나왔다. 하지만 낙심하지 않았다. 내가 생각해내고 썼다는 것은 모두 현실에서 이룰 수 있는 일이라는 것이고, 당장 할 수 있는 일이 많다고 생각하니 가슴이 뛰었다.

머니 트리를 바로 실행으로 옮겨 적어 보는 사람과 이 책을 그저 읽고 흘려버리는 사람과의 차이는 앞으로 5년 후 확연한 차이가 날 수밖에 없다.

현실적으로 내가 은행 창구에서 일하며, 가장 빠르게 확실한 부수입을 창출할 수 있는 수단은 영업 수당이었다. 새마을금고는 보험과

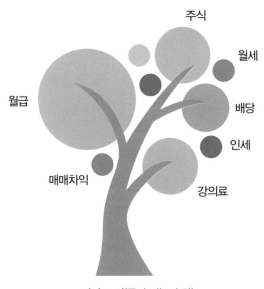

머니 트리(돈이 되는 수단)

카드를 팔면 수당을 받을 수가 있었다. 보험 같은 경우 잘하는 직원들은 한 달에 50~100만 원 정도의 수당을 더 받을 수가 있었기 때문에 직장에 다니며 제2의 월급을 벌기에 가장 좋은 방법이었다. 게다가 실적이 좋은 직원들은 인정도 받으며 포상 여행을 다닐 수 있었다.

처음에는 보험을 권할 때 너무 쑥스러웠다. 괜히 거절만 당하는 것은 아닐까, 나를 보험만 팔려는 사람으로 보지는 않을까 하는 생각이 들었다. 하지만 어려서부터, 마트 시식 코너에서 상품을 많이 팔 때면, 매니저분들의 칭찬을 들었을 때 뿌듯함과 고객들이 다시 사러 와주었을 때 감사함이 생각이 났다. 그래서 상품 중에 정말로 좋은 상품을 직접 가입하고, 나처럼 필요한 사람들에게 우리 금고의 상품에 가입할 수 있도록 도와야겠다고 생각했다.

실제로 보험에 대해 몰랐을 때 내가 가지고 있는 보험이 무엇이 있는지도 몰랐다. 부모님께서 친구분을 통해 가입해준 상품들이 전부였다. 실비보험은 없고, 종신보험만 있었다. 나는 어려서부터 잔병치레가 많았지만, 아무 혜택을 받지 못했다. 그래서 내가 다니는 곳에서 실비보험을 가입하고, 첫 보험비가 5,000원 정도밖에 하지 않는 것을 보며, 어디서 어떤 사람에게 가입하느냐에 따라 보험료가 많이 차이 난다는 것을 알았다.

아는 것이 힘이다

굳이 나가지 않아도 되는 돈을 단속하고, 실속 있게 상품에 가입하기 위해서는 반드시 아는 것이 많을수록 좋다. 아니면 전문성을 가진 사람이 옆에 있다면 도움을 받을 수 있다. 사람들은 모두 살아가면서 비슷한 문제를 가지고 있다. 그리고 자신이 처한 문제를 해결하면서 살아간다. 그럴 때마다 먼저 겪은 사람들의 경험은 가장 큰 도움이 된다.

보험에 관심을 가지고 판매하기 시작하면서, 회사에서 보내주는 보험 교육은 모두 적극적으로 참여했다. 처음 교육을 들으러 갔을 때 실제 암에 걸려서 투병 생활하는 상무님을 만났다. 그분의 강의를 들으면서 아픈 몸으로 열정적으로 강의해주는 그분에게 정말 매료되었다. 저렇게 아픈 사람이 너무나도 강한 에너지를 내면서 강의할 수 있다는 것이 신기했다. 그분이 가진 보험에 대한 마인드와 지식 모든 것을 흡수하고 싶었다. 실제로 얼마 지나지 않아, 교육의 효과와 열정을 가지고 임했던 태도가 성과로 나타났다. 우리 금고에서 보험 영업 1위를 해서 사이판, 제주도 등 포상 휴가도 갔다. 그리고 다른 직원들의 월급보다 매달 70만 원에서 100만 원 정도의 수당도 더 받게 되었다.

나는 돈을 더 벌면 버는 대로 더 많은 금액을 저축하고 투자했다. 매일 습관적으로 업무 후 통장에 찍혀 있는 잔고를 체크했다. 그리고 계속해서 불어나는 잔고를 보며, 지금 열심히 살고 있다며 잠들기 전나 자신에게 칭찬해주었다.

처음 꿈꾼 것은 경제적 자유를 이루는 것이었다. 월급 정도의 돈을 만들 수 있는 머니 트리를 키우는 것이었다. 당장 할 수 있는 일이 영업이었기 때문에 회사를 다니며, 창구에서 고객 업무 처리만 하는 직원들과는 달리, 보험약관과 중앙회 담당자에게 전화하며 보험을 계속 공부했다. 어떤 고객들이 가지고 있으면 좋은지 상품마다 그 사람의 상황을 생각하며 권했다. 그러면서 나는 금고에 오는 많은 사람과 더 많은 이야기를 나눌 수 있었다. 더 많은 것을 듣고, 깨달으며 직장생활을 다이내믹하게 했다.

투자는 자산에 대한 투자뿐 아니라 자신에 대한 투자도 병행해야 한다

주말이면, 회사 행사가 없는 날에는 강의를 듣거나 책을 보았다. 원하는 일을 이루기 위해 배우고 성취하는 것만큼 기분 좋은 순간이 없다. 내가 생각하는 아이디어를 앱으로 만들고 싶어 개인과외도 받았다. 가장 빠르게 성과를 내는 것은 다른 사람들이 가지고 있는 지혜를 직접 그 사람에게서 배우는 것이라는 것을 미국에서 인턴 생활을 하며 익힐 수 있었다. 강의를 듣는 습관도 그때 생겼다.

머니 트리에 써두었던 일들을 하나씩 해나가기 위해 나는 관련 도서를 읽으며 강의를 들었고, 내가 열정을 다해서 할 수 있는 일들을 해나갔다. 지금은 그때 뿌린 씨앗들이 나무가 되어 나에게 매달 달콤한 수확물을 준다.

경제적 자유로 가는 초석이 1억 원인 이유는, 1억 원이 모였을 때의 성취감이 남다르기 때문이다. 처음 직장에 들어가 받은 월급 180만 원이, 1억 원이 되는 과정에서 나는 정말 급격하게 성장했다. 직장 내에서도, 내 삶에서도 이전의 나와는 다른 사람이었다. 그동안 열심히 뿌려둔 씨앗들은 계속해서 자라나 더 많은 열매를 맺었다. 돈이 가지고 있는 힘은 에너지와 같다. 내가 무엇인가를 할 때 아무 에너지가 남아 있지 않다면, 시작조차 힘들다. 뭉쳐 있는 에너지는 강력한 힘을 준다. 지금은 종잣돈 1억 원 모으기가 나의 경제적 자유에 가장 초석이었음을 안다. 지금, 경제적 자유를 꿈꾸는 사람이라면 1억 원 모으기부터 시작해보자.

부자가 되는 절대 공식
'목돈-투자-목돈'이라는 선순환 구조

사칙연산은 돈 공부의 초석이다

우리가 배운 수학 공식 중에 가장 실생활에 도움이 되는 것은 덧셈, 뺄셈, 곱하기, 나누기다. 여기서 삶의 태도에 긍정적인 도움이 되는 2가지 공식이 나온다. 바로 더하기와 곱하기다.

"당신은 지금 플러스 인생을 살고 있는가? 마이너스 인생을 살고 있는가?"

이 질문에 대한 답은 정확하게 계좌에 나온다. 우리가 사는 이 지구별 세상에는 숫자만큼 정확한 것은 없다. 계좌에 마이너스만 가득하다면, 이제는 플러스로 바꿔야 할 시기다. 마이너스에 집중하는 삶이 무엇인가를 이해하면 방향을 바꾸기 쉽다. 많은 사람이 절약하고 아끼는 것만이 저축의 첫 시작이라고 생각한다. 하지만 나는 처음 돈을 모을 때 절약보다는 모인 돈에 대해 집중했다.

정기적금에 가입하게 되면, 내가 반드시 넣어야 하는 돈이 정해져 있어 압박되기도 한다. 자유적금으로 원하는 만큼 저축을 하게 되면, 압박보다는 모인 돈이 더 많아질 때마다 뿌듯하다. 그래서 더 모으고 싶어서 자연스럽게 낭비를 줄이게 된다.

그런데 마이너스에 집중하는 것은 계속해서 가지고 있지 않은 것에 대해 생각하게 되고 기운도 빠진다. 돈이 없어서 이것도 못 하고, 저것도 못 하고 계속 제약을 두게 되면서 저축하는 기쁨도 잃는다. 그러니 반드시 지금 가지고 있는 돈에서 저축이 가능한 돈부터 저축하면서 가진 돈에 기뻐하는 마음을 가지고 시작해보라.

지금, 이 순간 있음에 집중하기

처음 자유적금에 가입하고 만기가 되던 날의 기쁨을 아직도 기억한다. 스스로 처음 큰돈을 모았던 그 순간을 잊을 수 없다. 그렇다고 남들 하는 연애를 못 했던 것도 아니고, 자기계발을 하는 데도 돈을 아끼지 않았다. 사회 초년생치고는 큰돈을 모았다. 목돈이 생기고 나니, 이제는 정말 제대로 돈을 굴려서 자본금을 키우고 싶은 욕망이 커졌다.

돈을 모으면서 반드시 이 돈을 불리기 위해서는 가진 돈으로 투자

하는 연습을 해야 한다. 바로 곱하기 인생으로 가는 과정이다. 가진 돈이 한 푼도 없다면 시작조차 불가능하다. 그러므로 계속해서 현금흐름을 창출하면서 투자를 병행해야 한다.

여기서 우리가 주의해야 할 점이 있다. 우리 인생에는 빼기도 있고, 나누기도 있을 수 있다. 예상치 못한 지출이 발생하거나 투자해서 손해 보는 것보다는 낫다고 하면서 포기해서는 안 된다. 누구나 초보일 때 겪는 과정이다. 돈 공부가 필요한 이유는 명확하다. 누구나 겪는 실패의 과정이 있다. 하지만 포기하지 않고 지속해서 끈기 있게 자산을 불릴 수 있다는 믿음을 가져야 한다.

모으는 과정에서 투자 훈련 병행하기

목돈을 모으는 사람들의 가장 흔한 실수는 무작정 모으기만 한다는 것이다. 돈을 모으면서 돈 공부를 하지 않았기 때문에 막상 목돈이 모이고 나면 어떻게 해야 할지를 모른다. 나는 자유적금으로 돈을 모았기 때문에 투자에 관심이 커진 순간부터는 투자 자금을 원하는 대로 늘릴 수 있었다. 처음 주식을 제대로 시작했을 때 가지고 있던 월급통장에 있는 300만 원으로 시작했다. 그리고 운이 좋게도 ETF라는 금융상품을 알고 나서 주식에서 수익이 나자, 목돈이 모인 시점에 투자로 자연스럽게 옮겨 갈 수 있었다. 해외 주식 ETF는 내가 또 다른 월급만큼 버는 파이프라인을 만드는 데 가장 큰 도움이 되었다.

저축도, 투자도 시작하겠다는 마음을 먹으면 쉽게 시작할 수 있다.

그리고 내가 시작하겠다는 마음을 먹은 순간, 이미 절반의 성공은 이룬 것이다. 이 속담을 정확히 말하면 '제대로 된 시작은 절반의 성공'이라는 말이다.《부자 아빠 가난한 아빠》를 쓴 로버트 기요사키(Robert Kiyosaki)는 정확하게 말한다. 직장인과 자영업자는 부자가 되는 길이 아니다. 투자자와 사업가가 되어야 원하는 부를 창출할 수 있다고 말이다. 누구나 안정적인 곳에 있고 싶어 하지만, 시간이 흐를수록 절벽을 향해 가는 기차를 탔다는 것을 깨닫게 되는 순간이 온다. 투자와 사업이 처음부터 쉽지는 않을 것이다. 그러므로 지금, 이 순간 더 빠르게 시작하고 시행착오를 겪으면서 발전해 나가야 한다.

우선은 내가 왜 돈을 모으는지, 경제적 자유를 왜 이루고 싶은지를 먼저 명확히 해야 한다. 돈은 가치와 교환하는 대상이다. 돈이 많으면 많을수록 가치 있는 것을 누릴 수 있는 선택지가 넓어진다. 우리는 현실을 생각하기 전에 진정한 꿈을 생각해보고, 그 꿈을 이루기 위해서는 반드시 물질이 필요하다는 사실을 안다.

현실주의자나 이상주의자가 아닌 꿈을 현실화시키는 창조자로 살아야 하는 이유다. 우리가 빚만 가득할 때 주변 사람들에게 "1억 원을 모을 거야!"라고 말하면, 누군가는 지금까지 살아온 나의 마이너스 인생을 보았기 때문에 불가능하다고 할지 모른다. 아니면 다른 누군가는 의욕이 떨어지는 말로 "1억 원이 무슨 돈이냐?"라는 말을 할지도 모른다. 하지만 주변 사람들에게 흔들릴 필요는 없다. 지금 내가 처한 현실만 이야기하면서 내 꿈을 지지하지 않는 드림 킬러들은 언제나 우리 주변에 있다. 가야 할 길이 경제적 자유라는 확고한 목표를 세워라.

그리고 그 길로 가는 길에 1억 원이라는 돈은 큰 이정표다.

　이상주의자들은 꿈을 그려두고, 아무런 노력을 하지 않아도 하늘에서 1억 원이라는 돈이 떨어지기만을 기다린다. 행위가 없는 꿈은 현실이 될 수 없다. 그렇지만 어떤 행동을 해야 할지 몰라 방황하는 사람들에게는 먼저 간 사람들의 방법을 따라 해볼 것을 권한다. 많은 성공자, 자산가, 부자들이 해왔던 방식을 보면 처음에는 누구나 어설프고 미약해 보인다. 그렇지만 끈기 있게 매일 실행해온 그들이 이룬 지금의 결과물을 보라. 과연 내가 거기까지 갈 수 있을까 의심된다면, 자신에게 용기를 주는 말을 아침저녁으로 해주어야 한다. 그래서 성공 확언과 감사일기는 정말 중요하다.

지금 당장 성공 확언과 감사일기부터 작성하기

　매일 아침 자신이 원하는 모습, 상황을 확언하라. 하루가 달라질 것이다. 모든 것을 이미 가졌음을 아는 순간, 감사하는 마음을 가지게 된다. 하루를 정리하는 시간에는 감사일기로 마무리하라. 온 우주가 당신을 도울 것이다.

1억 원을 모으기 전에
빚 관리는 필수다

신용사회의 빚은 누구나 있지만, 친구로 지내는가,

적으로 지내는가의 문제다

　직장인에게 월급날은 한 달의 노고를 보답받는 날이다. 그런데 기분 좋음도 잠시 월급이 입금되자마자 카드값과 각종 비용이 빠르게 빠져나가기 시작한다. 과도하게 지출한 달에는 오히려 월급이 모자라 분할 결제를 신청해야 할 수도 있다. 많은 직장인이 신용대출 또는 담보대출로 월급 대부분을 쓰고 있다. 특히나 우리나라같이 부동산에 대한 신화가 있는 나라에서는 대부분 사람이 집을 사는 데 평생의 월급이 들어간다.

　지금과 같은 신용사회에서는 빚이 너무나도 일상적이다. 이 빚을 어떻게 다루느냐가 직장인이 자본가가 될 수 있는 첫 번째 관문일 것이다. 보통 빚을 빠르게 갚기 위해 월급의 일부분을 꾸준히 갚아 나갈 확률이 높다. 빚이라는 것이 마치 족쇄처럼 느껴져, 삶을 무겁게 짓누르기 때문이다. 하지만 세상의 모든 돈은 빚이다. 우리가 사용하는 신용화폐, 즉 가장 근본이 되는 돈인 달러가 미국 정부의 빚으로 발행되기 때문이다. 사실 우리는 빚으로 만들어진 신용사회에 살고 있다. 이 사실을 안다면, 빚을 무작정 빨리 갚는 것이 아니라, 현명하게 빚을 다루는 법이 더 중요하다는 것을 알게 된다.

부모님은 항상 빚은 나쁘다고 말씀하셨다. 지금도 그러시지만, 빚이 생기면 빨리 갚아야 한다고 생각하면서 사셨다. 아버지는 30년 회사생활을 하며 할머니가 돌아가셨던 날 이틀을 빼고는 단 한 번도 휴가를 써본 적이 없으시다. 성실하게 일하시면서, 회사에 가는 게 좋다고 이야기하셨다. 그래서 철없던 나는 그 말이 사실인 줄 알았다. 아버지는 회사에 다니며 일하는 것을 좋아하시니까 쉬지 않고 일하는 것으로 생각했다.

그런데 지금 생각해보면 아버지에게는 부양할 가족이 있었고, 같이 살 곳이 없어 아버지의 직장 동료 가족들과 함께 월세를 구해 시작한 신혼집에서, 내 집 마련을 위해 쉼 없이 달려오셨다는 것을 알았다. 먹을 쌀이 없어 옆집에서 돈을 빌리기도 하셨다고 했다. 힘든 상황에서도 두 분은 항상 밝으셨다. 부모님은 나에게도 그렇지만, 서로 화내는 모습을 본 적이 없다. 경제적으로 어려운 상황이 오면 보통은 크게 싸울 법도 하지만, 두 분은 항상 어떻게 하면 해결할 수 있는지를 생각하셨다. 그렇게 나와 내 동생을 번듯하게 키우고 가족의 울타리인 집을 마련하셨다. 그리고 남부럽지 않게 키우기 위해 자녀들이 원하는 것은 무리해서라도 항상 해주셨다. 그래서 나는 우리 집이 경제적으로 어렵다는 사실을 인지할 수가 없었다.

2024년에 아버지가 은퇴하신다. 그래서 나는 1월에 아버지, 어머니를 모시고 가는 중동 크루즈를 예약했다. 지금까지 두 분은 돈에 대해 많은 신경을 쓰지 않으셨다. 하지만 20대부터 나는 정보를 접하는 대로 아버지가 월세를 받고 주식 투자를 할 수 있도록 아버지의 월급을 자산화시켰다. 나는 시간을 가졌지만, 돈이 없는 학생이었다. 그래서 아버지에게 계속 정보를 드렸고, 나의 부모님은 내가 확신하고 말하는 것에 대해 믿고 맡겨 주셨다. 우리 가족은 1년에 2~3번 정도 크루즈 여행을 다니고 있다. 우리는 가족의 소중함과 일의 소중함을 알고, 매일 매 순간을 열심히 충만하게 살고 있다. 그리고 많은 사람이 행복하고 즐겁게 살기를 바란다. 이미 그렇게 하는 사람들에게 정보를 얻고 실천만 하면 된다.

부모님을 보고 자라면서 나 또한 빚은 무조건 나쁘다는 생각을 은연중에 가지고 있었다. 그래서 신입사원 시절에 절대 빚지고 살지 않기 위해 신용카드를 만들지 않고, 체크카드로만 생활했다. 당연히 어떤 대출도 이용해보지 않은 상태였다. 그래서 은행에 빚을 지러 오는 사람들을 보면, '저 위험한 빚을 어떻게 감당하려고 하는 것일까?' 하는 생각도 했다.

그런 내게 충격을 준 책은 앞서 언급했던 로버트 기요사키의 《부자 아빠 가난한 아빠》다. 당시에 나는 이 책을 보고, 빚에 관한 생각이 완전히 변했다. 오랜 세월 저축만 한 사람들은 점점 돈이 줄어들었고, 대출을 하는 사람들은 자산이 불어났다. 대출 VIP들은 모두 투자와 사업에 집중하는 삶을 살았다. 실제로 많은 평범한 사람들은 현금흐름표에 집중하는 삶을 산다. 내가 얼마를 벌었고 얼마를 썼는지에만 집중하면서, 쓰는 것을 줄여서 부자가 되려고 한다. 하지만 첫 단계는 실행할 수 있겠지만, 더 이상 생활비를 줄이는 것이 힘들어지면 한계가 너무나 분명한 방법이다.

이와는 다르게 부자들은 재무제표의 삶을 산다. 재무제표에서 자산이란 빚과 자본을 합친 것을 말한다. 내가 오늘 얼마를 썼던지 내가 가진 자산이 커지고 있다면, 자산이 내가 잠을 자는 동안에도 나에게 현금흐름을 만들어주고, 자산 자체의 크기가 빠르게 커짐에 따라 더욱더 부자가 된다.

재무제표의 삶은 자산에 집중하는 삶이다

주식 공부하면서 나는 부동산에 관한 공부도 병행했다. 그래서 바로 갭 투자와 오피스 투자, 땅 투자, 경매 투자도 함께 할 수 있었다. 빚에 대한 관리는 부동산 투자의 필수 요소다. 주식에서는 레버리지 상품이 있지만, 부동산에서는 대출 자체가 레버리지이기 때문이다. 그러므로 남들보다 더 똑똑하게 대출을 이용할 줄 알아야 한다. 경매 물건을 선정할 때 수익률 표에 물건의 시세와 입찰금, 그리고 경락잔금 대출의 한도를 넣어 수익률이 좋은 물건에 투자해야 한다. 투자라는 것은 결국 내가 들어간 돈 대비 더 많은 돈이 남아야 하니, 당연히 계산을 제대로 하고 도전해야 하는 것이다. 나는 부동산과 주식, 채권, 금, 달러, 오일 등의 자산 등에 투자하면서 어떤 자산이든지 투자하기 위해서는 아는 만큼 확신이 생기고, 딱 그만큼 벌 수 있다는 사실을 알았다.

빚지는 것이 위험한 것이 아니다. 빚을 적으로 볼 것인지, 친구로 볼 것인지는 본인의 선택이다. 자본가들은 빚을 아군으로 만든 사람들이다. 우리가 사는 이 자본주의 세상은 빚을 끊임없이 생산해내고 있다. 그 안에서 파산하거나, 빚에 진 사람들도 있다. 결국 자신의 현금흐름이 빚을 감당해내지 못하고, 가지고 있는 자산마저 모두 잃어버린 것이다. 왜 그렇게 된 것일까?

지금까지는 소비자 입장에서 생각했다면, 이제부터는 은행 입장에서 자본주의 세상을 바라보자. 은행 입장에서 예금자들의 돈은 빚이다. 돈을 저축해주고, 이자를 내주어야 하기 때문이다. 그리고 예금보다 높은 금리로 대출해주어 이윤을 남겨야 한다. 예대마진이 가장 기본적인 은행의 수입원이다.

은행은 대출해주어야 수익이 나기 때문에, 꼭 지켜야만 하는 자기자본비율을 빼고는 우량 대출자들에게 대출해주기를 원한다. 그런데 대출해주는 시기에 금리는 중앙은행의 기조에 맞추어 올리기도 하고, 내리기도 한다. 중앙은행이 시중에 돈이 너무 많이 풀렸다고 판단해 걷어 들이기 위해 금리를 올리기 시작하면, 은행은 함께 금리를 올릴 수밖에 없다. 그렇게 되면, 높은 금리를 감당할 수 있는 대출자들에게만 대출해줄 수밖에 없다. 그렇지 않으면 은행도 손해를 보기 때문이다. 방만하게 운영해 큰 피해를 줄 수도 있으므로, 은행은 자기자본비율을 지키며 사업을 한다.

우리가 기준금리가 의미하는 것이 무엇인지를 안다면, 빚을 관리하는 데 도움이 된다. 금리는 돈의 가치다. 돈의 가치가 올라가면 자산은 상대적으로 올라갈 힘이 약해진다. 그러므로 무리한 자산에 대한 투자보다는 가지고 있는 돈을 지키는 방법을 실행하고 있어야 한다. 투자하며 인내하는 순간은 항상 필요하다. 고요한 호수처럼 투자하는 사람들은 시장이 아무리 시끄럽고, 세상이 어지러워 보여도 자신이 목표한 것을 명확하게 바라보며 투자한다.

신용사회에서 신용관리는 필수다

정말로 필요한 순간에 빚을 똑똑하게 지기 위해서는 신용관리는 필수다. 이 세상이 신용사회이기 때문이다. 나는 사회 초년생이라면 반드시 자신의 신용관리를 시작하라고 말한다. 신용을 평가할 때 은행이 보는 것들을 생각해보면 쉽게 관리할 수 있다. 신용카드가 아예 없으면, 은행이 평가할 척도가 줄어든다. 그러니 신용카드를 만들어 매월 고정으로 나가는 비용은 카드에 자동이체를 걸어두어야 한다. 신용카드도 똑똑하게 사용해야 한다. 또한, 신용점수를 확인해보는 습관을 지니는 것이 좋다. 공공요금도 6개월 이상 납부를 하게 되면 점수에 반영이 되니, 비금융정보 또한 반영 신청해 신용점수를 올려두는 것이 좋다.

대부분의 대출 금리는 예금 금리보다 높다. 1금융권은 안정성과 신용도에 따라 가장 금리가 낮은 곳이다. 그러니 저축할 때 이용하기보다는 대출할 때 이용해야 한다. 기대출이 있는 사람들은 내 대출이 착한 대출인지, 나쁜 대출인지를 판단해, 최대한 착한 대출로 옮겨야 한다. 현재 상태가 그렇게 하기 힘들 수도 있다. 하지만, 모르기 때문에 잘못 이용하는 예도 많으므로 미리 돈을 빌리는 현명한 방법에 대해 알아두는 것이 좋다. 쉽게 전화 한 통으로 대출을 신청할 수 있다고 해서 캐피탈이나 카드대출을 사용해버리면, 신용점수에 안 좋은 영향을 주기 때문이다.

금리가 괜찮은 대출을 장기간으로 대출을 한 경우, 많은 사람이 무조건 월급의 대부분을 모두 빚을 갚는 데 사용하는 경우가 있다. 하지만 나라면, 비율을 정해두고 투자를 훈련하며 갚아 나갈 것이다. 적은 금액의 돈이라도 매달 투자에 들어가는 돈이 있어야 대출 금리보다 높은 수익률을 거둘 방법을 가질 수 있기 때문이다.

아프리카의 은행 다큐멘터리를 보며, 나는 금융업에 관심이 생겼다. 처음부터 원조해주는 것이 아니라, 주민들이 직접 장사를 시작할 수 있게 대출해주면, 스스로 자생할 수 있게 된다는 것이었다. 그냥 아무런 대가 없이 도와주는 것은 처음에는 편할 수 있다. 하지만 그 사람이 혼자서 세상을 살아갈 힘을 키워 주지는 못한다.

빚은 무조건 나쁜 것이 아니다. 그렇다면 빚지는 체제가 존재하는 자본주의가 있을 수가 없다. 좋은 아이디어나 투자 기회가 생기면, 현재 내가 가지고 있지 않은 돈으로 시작할 수 있게 해주는 것이 빚이다. 1억 원을 모으고자 마음먹었다면, 지금 내가 가진 빚을 어떻게 내 편으로 만들 것인지부터 생각해보자.

최단기간에 1억 원을 모으고 싶다면,
그런 욕망을 숫자로 표시하라

목표로 하는 수입과 자산을 명확한 숫자로 표시하라

숫자가 가진 힘을 아는가. 어렸을 적 소원이 있었다. 세상에서 가장 빠르게 달리는 사람이 되는 것이었다. 그래서 항상 운동회 때 1등을 해보고 싶었다. 그리고 실제로 매일 달리기를 하면 1등이 될 거라고 믿었다. 초등학교 저학년 때 운동회에서 매번 순위권에 드는 것에 실패했다. 나는 또래보다 키는 컸지만 빠르지는 않았다.

그런데 5학년 때 난생처음 운동회에서 1등을 했다. 그냥 달리기가 아니라 장애물 달리기였는데, 그 순간을 나는 아직도 생생히 기억한다. 너무나 1등이 하고 싶어 내 앞에 장애물이 보이지 않았다. 그냥 무조건 앞만 보고 달렸고 가장 빠르게 결승선에 다다르는 순간, 대기하고 있던 선생님이 손등에 1등 도장을 찍어 주었다. 나는 손등에 1등이 지워질까 봐 그날 집에 돌아와서 씻을 때 도장이 찍힌 부분을 빼고 살살 닦았던 기억이 난다. 그때 오랫동안 간직한 꿈을 이루었다. 그리고 공부에 관심이 없던 내가 그때부터 처음으로 반에서 1등을 해보고 싶다는 꿈을 가지게 되었다.

1억 원을 숫자로 표시하면 100,000,000이다. 1억 원을 수 단위로 써보지 않으면, 보통 단위가 달라지는 순간과 0이 끊기는 순간이 어디인지를 궁금해한다. 처음 은행에 입사해 배운 것은 돈을 손으로 세는 법과 표기법이었다. 전표에 금액을 적어서 낼 때, 위에는 한글로 아래는 숫자로 표기를 해주어야 했다. 그러고 나서 금액과 원이 떨어져 있는 경우, 다른 사람들이 뒤에 따로 표시하지 못하도록 작대기를 그어주는 것도 필요했다. 나는 이런 표기법들을 보면서 알면 보이지만, 모르면 절대 보이지 않는 경제와 관련된 숫자들이 참 신기했다.

돈이라는 것은 참 신기하게도 사람의 감정을 빠르게 변하게 한다. 매달 똑같이 열심히 일했지만, 어느 달에 성과금이 들어와 더 많은 돈이 들어온 달은 세상을 다 가진 기분이다. 나는 돈이 행복을 주는가에 대해 분명히 말할 수 있다. 돈은 행복을 준다. 돈이 생기면 무엇을 할 수 있을지 생각하며 돈을 쓰면서도 행복을 느끼지만, 더 불어나는 상상을 하며 돈을 저축하거나 모을 때도 같은 행복을 느낀다. 내가 가진 돈으로 나의 소중한 사람들에게 해줄 수 있는 것들을 생각할 때 가슴 깊은 충만함을 느낀다. 돈이 있어 행복하고 나에게 와준 돈에 감사하다.

돈에 대해 소중함을 알게 된 것은 6살 때쯤이었다. 그때 당시 우리

집은 빌라에 살고 있었는데, 엄마는 나를 주말에 혼자 빌라촌 끝에 있는 교회에 가게 했다. 교회에 가면 한글을 배우거나, 친구들을 사귀는 데 도움이 될 것으로 생각하신 것 같다. 하지만 어린 나이에 혼자 교회에 가야 한다는 것은 너무나 큰 두려움이었다. 그런데 처음 교회에 갔던 날, 선생님이 나에게 달란트라는 것을 주었다. 나는 1달란트를 가지고, 교회에서 열린 달란트 장터에 갔다. 거기서 나는 한참을 돌아보다가 은행 놀이 세트를 교환해왔다. 그곳에서 은행 놀이를 가지고 왔던 것은 어린 마음에 '나는 1달란트뿐이어서 모든 장난감을 살 수 없으니 이 은행 놀이 세트를 사면, 저 많은 돈이 다 내 것이 되지 않을까?' 하는 생각을 했던 것 같다.

돈이 많았으면 좋겠다는 막연함, 이런 막연함이 현실이 되기는 어렵다. 내가 원하는 것들을 먼저 시각화하고, 그것을 정말로 현실로 만드는 데 필요한 금액들을 역으로 계산해보면 목표가 더 명확해진다. 살고 싶은 집, 갖고 싶은 차, 시계, 가방, 그리고 원하는 매달의 수입을 정확하게 숫자로 표시해보아야 한다. 누군가는 그냥 지나가는 꿈으로만 생각한다. 그리고 한 번도 그렇게 하는 데 필요한 돈이 어느 정도인지 계산해보지 않는다. 왜냐하면 실제로 그런 것들을 이룰 힘이 없다고 생각하기 때문이다. 우리는 은연중에 '나는 부자로 살 수 없고, 평범하게만 살면 다행이야'라는 생각을 할 수가 있다. 많은 사람이 부자가 되기를 원한다고는 하지만, 실제로 부자가 되기 위한 행동은 하지 않는다. 왜냐하면 당장 들어오는 월급이 있고 안정된 직장이 있으니, 입에 풀칠이라도 하면 다행이라고 생각하기 때문이다. 하지만 그렇게 생각하는 순간, 정말로 그곳에 갇혀 버린다. 내가 그랬다. 나는 직장에 다니며 직장에서 주는 월급이라는 마약에 안정된 것만 생각했다. 그런 내게 충격을 준 우화가 있다.

개구리들이 거대한 솥에서 헤엄을 치고 있는데, 사실 그 솥은 서서히 달궈져 가고 있었다. 하지만 아무도 그곳에서 유유히 헤엄을 치며 빠져나갈 생각을 하지 못했다. 서서히 온도가 올라가고 있으므로, 스스로 삶아지고 있다는 사실을 모르는 것이다. 나는 이 글을 보고 내가 우물 안 개구리가 아니라, 가마솥 안 개구리라는 사실을 알았다!

나는 잠자기 전에 책을 읽고, 메모하는 습관이 있다. 책을 보고 생각난 아이디어를 적는 것이다. 그리고 실제로 이러한 활동들을 하고 잠을 자면, 잠을 자면서도 새로운 아이디어들이 솟아난다. 그리고 아침에 일어나면 정말로 신기하게도 새로운 생각을 할 때가 많다. 꿈속에서 생생하게 보았던 것들을 현실로 만들고 싶은 충동이다. 나는 꿈속에서 많은 사람을 도와주는 자산운용사의 CEO가 되어 세계적인 강연을 했다. 그리고 정말 멋진 동기 부여가의 연설처럼 사람들이 자본주의 세상에서 자신의 꿈을 현실화시키는 상상의 힘과 투자의 힘을 키우는 것을 도와주는 멋진 사람이 되어 있는 모습을 보았다.

우리 집 거실에는 보물지도가 있다. 내가 되고 싶은 사람, 갖고 싶은 것, 하고 싶은 것들을 시각화해 붙이고, 옆에 글과 숫자로 명확하게 표시해두었다. 개인적으로 목표로 하는 것과 세계적으로 이루고 싶은 것을 붙여 두었다. 아침에 밖을 나가기 전 보물지도를 보며, 나는 그날 하루의 삶을 그려보며 나간다. 어떤 현실이 펼쳐지기를 원하는지 생각해보고, 정말로 그렇게 되어 기분 좋은 나의 표정을 본다.

익숙해지면 쉬워진다

어렵다는 것과 쉽다는 기준을 아는가. 결국 우리가 자주 보고 익숙한 것은 쉽게 받아들인다. 내가 정말로 1억 원을 모으고 싶다면, 1억 원이라는 숫자가 만만한 숫자, 내가 모을 만한 숫자로 보여야 한다. 그러려면 방법은 하나다. 자주 보면 된다. 내 계좌 잔고에 찍힌 숫자를 내가 원하는 숫자로 표시해보아야 한다. 매달 쌓여서 1억 원이 된 숫자가 찍혀 있는 통장을 실제로 빈 통장에 표시해보자.

원하는 금액이 찍히는 순간까지 어떤 일이 있어도 포기하지 말아야 한다. '끈기'를 다른 말로 하면 '철면피'다. 누가 뭐라고 해도 이루어진 모습을 나는 끝까지 당당하게 선언해야 한다. 내가 가진 잠재력과 능력을 가장 잘 아는 이는 바로 나 자신이다. 지금 당장 일자리가 없어 백수여도, 빚이 많아도 꿈을 꾸는 것은 나로부터 시작할 수 있다. 누군가 대신해줄 수 있는 것이 아니다. 지금 처한 현실만 보면서 내가 말하는 나의 모습을 믿어주지 않는다고 해서 낙담할 필요가 없다.

정말로 단기간에 1억 원을 모으고 싶다면, 이 책을 보는 지금 숫자로 표시하라. 그리고 그 돈을 모으고 난 후에 어떤 모습으로 살아가고 있을지까지 상상하라. 내가 하는 일, 내가 이루어 나가고 있는 성취까지 모두 그려보라. 우주는 당신이 원하는 것을 원한다.

1억 원을 모으는 과정에서
우리가 마주해야 할 적들

내부와 외부의 저항을 이겨내면 무엇이든 해낼 수 있다

보통 1년에 걸려서 해야 하는 일을 7일 만에 하면 안 되는 것일까? 어려서부터 속도에 대한 환상이 있었다. 무엇이든 빠르게 해내는 사람이 되고 싶었다. 그래서 은행 창구에서 업무를 할 때면, 가장 신속하게 많은 사람의 업무를 도와주고 싶어 쉼 없이 번호표를 눌렀다. 매일 가장 많은 전표수를 보면서 오늘도 열심히 살았다고 자부했다. 내가 속도에 집중하게 된 것은 어렸을 때부터여서 잘 기억이 나지 않는다. 무엇이든 빠르게 실행하고, 결과물이 빠르게 나오니 피드백을 통해 성장해왔다.

우리가 평범하게 1억 원을 모으기 위해 걸리는 시간을 역으로 계산해보자. 월급에서 100만 원씩 저축한다고 가정하면 1년에 1,200만 원이 모이고, 8년 3개월이라는 절대적인 시간이 필요하다. 그렇다면 8년 동안 단 한 달도 놓치지 않고 100만 원씩 저축하고, 중간에 절대 빼지 않을 수 있는 사람이 얼마나 될까. 보통의 생애주기를 가진 평범한 사람들이라면 확률적으로 굉장히 어려운 성공률을 보일 것이다. 인륜지대사라고 결혼이나 아이 학업에 관한 지출, 또는 새로운 도전을 하며 나가는 목돈 등 다양한 이유에서 대한민국의 평범한 직장인이 8년 동안 저축을 이어간다는 것은 아무리 생각해도 혹독해 보인다. 그렇다고 여기서 포기하자는 것은 아니다. 적을 알고 나를 알면 위태롭지 않다는 말이 있듯이 미리 우리의 적을 파악해보고자 한다.

지피지기백전불태(知彼知己百戰不殆)

1억 원을 모으는 데 가장 큰 적을 2가지 요소로 나눌 수 있다. 바로 내부와 외부다. 내부의 적은 '내가 과연 할 수 있을까?'라는 의문에서 시작한다. '100만 원씩 저축하는 것이 가능할까? 정말 1억 원을 모을 수 있을까?' 등등 내 능력, 내 결심에 대한 의구심이다. 이런 자기 확신이 부족한 상태에서는 당장 1억 원을 모으고자 할 때 '어떻게'에만 집착하는 생각의 관점을 바꿔야 한다. 내가 1억 원을 모으고 나서 기뻐하는 표정, 그리고 나서 모인 돈을 더 잘 불릴 수 있는 사람이 되어 돈 관리 능력이 생긴 나의 상태 등을 상상하며 기분 좋은 시작을 해야 한다. 지금은 모두가 비행기가 날아다니는 것에 놀라지 않지만, 비행기가 하늘을 떠다니기 전의 세상을 살던 사람들은 모두가 비웃었던 일이라는 것을 기억해야 한다. 1억 원을 모으는 여정 속에서 '어떻게'보다는 이미 이루어진 상태에서 시작해야 한다. 가장 쉬운 방법으로 1억 원을 모으고자 하는 결심을 종이에 적어두면 좋다. 그리고 언제까지 이루고 싶은지를 쓰는 것이다. 만약에 앞서 계산한 8년보다 더 적은 시간 안에 이루고자 종이에 적는다면, 그때부터 나도 모르게 나의 머리는 돈을 더 벌 방법은 없을까를 고민하게 된다. 그 방법은 나중에 찾더라도 먼저 결심하는 것이 최우선이다. 생각의 씨앗이 심어지지 않으면 행동은 나올 수 없다.

내가 돈을 빠르게 모으고 싶었을 때 가장 먼저 했던 머니 트리도 목표금액을 생각하니 더 구체적으로 쓸 수 있었다. 강연에서 나는 많은 사람과 머니 트리를 작성해보는 활동을 한다. 어떤 이는 10가지가 넘는 돈 나무를 적기도 하고, 어떤 이는 1가지를 적는 것도 힘들어한다. 결국 생각하지 않으면, 행동도 나올 수 없으므로 이러한 활동을 많은 사람과 함께해 보는 것은 큰 도움이 된다.

20대에 투자를 공부하기 위해서는 나는 경험자들의 지혜가 가장 중요하다고 생각했다. 그래서 다른 사람들의 1년 치 연봉에 달하는 금액을 강의를 듣는 데 쏟기도 했다. 우주는 '선불 제도'다. 내가 먼저 내지 않으면 절대 주지 않는다. 내가 생각한 대로 더 빠른 결과물을 얻기 위해서는 먼저 내가 가진 것을 내주어야 한다. 나에게는 '시간'이라는 무기가 있었다. 부자들이 가장 원하는 바로 그 시간. 20대에는 그러니 더욱더 도전해야 한다. 내가 20대에 끊임없이 했던 도전이 지금은 나를 지켜주는 관목이 되었다. 내가 과연 할 수 있을까 하는 생각이 들 때면, 나는 나에게 용기를 주는 책과 멘토들을 만났다. 어떻게 해야 할지를 몰라 의기소침해 있을 때, 책 속에서 만난 위대한 분들이 나에게 용기를 주었고, 지금 내가 사는 세상에 살아가고 있는 성공자들이 계속 내게 힘을 주었다. 지금은 감사하게도 내가 그 역할을 할 수 있다는 것이 믿기지 않는다.

보물지도에 처음으로 작성했던 나의 꿈은 베스트셀러 작가, 동기부여가, 금융 전문가, 환경 운동가, 세계 여행가였다. 지금은 너무나도 많은 꿈이 현실이 되어 내 인생의 첫 책 《보물지도 16》을 볼 때면 스스로 놀랄 때가 많다. 모든 꿈은 내가 생각했던 방식대로 이루어지지 않았다. 명확하게 어떤 방식으로 이루어질 것으로 생각해두지 않았기 때문에 돌아서 어려움을 견뎌내면서 이룬 것도 많았다. 그렇지만 다행히도 나는 내가 적어둔 모든 꿈을 이루었고, 다음 단계의 꿈을 다시 보물지도에 적었다. 내가 당시 다이소에 달려가 샀던 코르크 보드는 핀 자국이 벌써 여러 번 박혀 있다. 내가 그날 했던 것은 나의 꿈을 현실로 데려오는 강력한 주문이었던 것이다. 그렇게 나는 나의 내면의 저항이 생길 때마다 나의 꿈을 보고 달렸다. 장애물은 그저 뛰어넘어야 할 대상에 지나지 않았다. 항상 문제보다 내가 더 크다고 생각하고 달려왔다. 가끔 정말 내 눈앞에 문제가 너무나 커 보일 때 내가 했던 문제 해결 방법을 소개하겠다.

조용히 눈을 감고 내가 처한 문제를 직시한다. 그리고 그 문제가 마치 거대한 검은 점이라고 연상하라. 그리고 나서 나의 존재가 더 커지면서, 그 문제가 점점 더 작은 점으로 바뀌는 것을 상상하라. 그리고 충분히 작아졌을 때 숨을 크게 내쉬면서, 작은 점이 되어 날아가는 것을 상상하라. 그렇게 나는 내 마음이 진정되지 않을 때 문제를 점으로 연상시켜 날려 보냈다. 그리고 내 안의 거인을 깨워 이전보다 커진 나를 보았다. 같은 상황이어도 더 이상 그것은 내 눈앞에 문제가 아닌 깨끗한 상태로 남아 있었고, 이전의 나보다 더 나아진 나를 발견할 수 있었다. 그렇다. 항상 거대해 보이는 위기도 지나고 보면 기회였을 때가 많았던 것이다.

내 주변 5명의 평균이 바로 나다

외부의 장애물은 너무나도 분명히 나의 지인들이다. 가족, 지인, 내 주변의 사람들이 바로 우리가 목표로 하는 금액과 꿈에 대해 말하는 것을 잘 들어 보아라. 나의 과거와 관련된 사람들은 모두 내가 과거에 머물러 있어야 안전하다고 했다. 월급 200만 원을 받는 직장에 다니는 직장인이 갑자기 사업을 한다거나, 투자한다고 하면 모두가 걱정스러운 말로 조언한다.

"우리 가족 중에 말이야, 그렇게 했던 숙부가 있었는데…"

처음에는 걱정과 조언이 정말로 나를 위해서 해주는 말처럼 들릴 수 있다. 그리고 그들은 정말 그렇게 걱정한다. 자신이 살아온 세상과 경험을 빗대어 조언해줄 수밖에 없기 때문이다. 내 주변에 있는 5명의 평균이 바로 나다. 그렇다면 내 주변 사람들의 연봉과 성공의 크기를 보자. 객관적으로 내가 그렇게 살고 싶다면 안주해도 좋다. 하지만 좀 더 나아지고 싶은 욕망은 인간의 본능이다. 하지만 또 다른 본능인 생존 본능은 언제나 강하게 나를 붙들어 맨다. 내가 정말 이렇게 무모하게 도전해도 좋을지 두려움이 함께 생기는 것이다.

외부의 적은 친절한 사람들일수록 조심해야 한다. 사려 깊게 이야기할수록 내가 정말 잘못 생각한 것처럼 받아들이게 되기 때문이다. 내가 처음 투자했을 때도, 책을 쓴다고 했을 때도 나의 사랑하는 사람들은 응원의 말을 보냈지만, 사실 그 안에는 더 큰 걱정과 염려가 있었다. 지금의 나는 그때의 나에게 다시 한번 말해주고 싶다. 네 안에서 했던 그 결심을 따라가라고.

1억 원을 모으기까지 얼마나 걸릴지, 어떻게 해야 할지, 얼마나 많은 적들이 있을지 우리는 알 수 없다. 모든 것을 파악하는 게 중요한 것이 아니다. 결심하고 목표물을 보고 빨간 깃발을 보았다면, 거기까지 비가 오면 우비를 쓰고 가든, 강이 불어 위험해 보이면 기다렸다가 가든, 결승점까지 눈을 떼지 않고 가는 것이 중요하다. 다시 한번 말하지만, 끈기는 철면피의 다른 말이다. 누가 뭐라 해도 해내면 그만이다.

2장

최단기간에 1억 원을
만들기 위해서는
돈 공부가 먼저다

왜 열심히 일할수록
빚이 늘어날까?

열심히 일한다고 부자가 되는 것은 아니다
통제권을 가진 사람이 부자가 된다

영수와 철수는 동창이다. 대학교를 졸업하고 영수와 철수는 취업에 성공했다. 어렵다는 취업 관문을 뚫은 둘은 열혈 신입사원으로 회사 생활을 시작했다. 그렇게 3개월 수습 기간이 지나고 만난 둘은 자신이 다니는 회사가 얼마나 힘든지, 그리고 자신이 얼마나 어렵게 수습 기간을 버텨냈는지 모험담을 나눈다. 그렇게 앞으로 어떻게 직장생활을 해나갈 것인지는 잊고, 대학교 때 같이 모처럼 만에 신나게 놀고 집으로 향했다.

영수는 과음한 탓에 다음 날 회사에 지각하고, 직장 내에서 평판이

안 좋아졌다. 영수는 3개월 동안 자신은 열심히 했다고 하는데 왜 계속 혼만 나고, 생각했던 업무가 아닌 사무용품 정리나 복사 일만 계속해야 하는지 짜증이 나기 시작했다. 회사에 다니면서 좋은 날은 월급 날뿐이라며, 퇴근하고 나면 먹방 프로를 보거나 게임에 다시 빠져들었다. 한편 철수는 과음해 힘든 몸을 회복하기 위해 노력했다. 아침에 일어나 헛개 차를 마시는 등 업무에서 맑은 정신으로 임하기 위해 노력한다. 그렇게 다시 일상으로 돌아와 회사생활을 한다. 그리고 자신이 앞으로 맡을 업무에 대해 기대하며 지금 하는 일도 모두 내가 또 다른 일을 하는 데 발판이 되어 줄 것이라 여기며 임한다. 퇴근 후에는 업무에 필요한 자기계발을 하고, 주말에는 자신을 위한 시간을 가진다.

둘 다 회사에서 자신의 맡은 업무를 하는 평범한 회사원으로 보인다. 하지만 둘의 차이는 무엇일까. 바로 통제권이다. 같은 상황에서 통제권을 자신이 쥐고 가느냐, 아니냐의 차이다. 열심히 일은 하지만 영수의 감정은 점점 더 힘들어질 것이다. 통제권을 외부에 주었기 때문이다. 자신이 무엇을 하든 원하는 대로 풀리지 않는다며 불평하게 된다. 철수는 어떤 일이 벌어지든 자신의 통제권 안에서 생각하기 위한 노력을 한다.

직장인도, 자영업자도 불안하다

앞서 내가 만든 이야기는 주변에 있을 법한 직장인들의 모습이다. 지금의 내 모습일 수도 있다. 열심히 일하는 직장인들이 시간이 지날

수록 자산이 모이는 것이 아닌, 빚을 지게 되는 모습을 보게 된다. 빚을 진다는 것 자체가 문제가 아니라, 그 빚이 자신의 통제권을 벗어나 걷잡을 수 없이 커지는 것이 문제다. 자신이 감당할 수 있는 빚이라면, 좋은 도구가 될 수 있다. 하지만 대부분 사람이 빚에 무너지는 것은 바로 이러한 패턴 때문이다. 어떤 일을 하든 통제권을 외부에 넘겨주는 습관을 지니면, 문제가 커진다. 무엇이든 내가 해결할 수 있는 문제가 아니라, 감당할 수 없는 문제로 만들어버리기 때문이다.

일은 열심히 하는데 빚만 늘어가는 경우는 직장인뿐 아니라 자영업자에게도 해당된다. 처음 가게를 차려서 프랜차이즈를 연 사장을 보자. 그는 열심히 모은 목돈으로 자신만의 가게를 차리는 꿈을 가지고 있었다. 그래서 프랜차이즈 교육을 받고 한 신도시에 가게를 낸다. 음식점 장사를 하며 손님들과도 유대 관계를 가지고 지역 내에서 인정받는 가게 사장이 되고 싶어 밤낮없이 가게만 생각했다.

쉬는 날도 거의 없이 일했지만, 프랜차이즈 가맹비를 내고 건물 보증금과 세를 매달 내다 보니, 몸이 점점 힘들어진다. 우리의 신체는 한계가 있지만, 큰 목돈과 빚을 져서 시작한 가게이기 때문에 정말 쉬어야 할 때 쉴 수가 없다. 걱정이 생기면 잠도 설치게 된다. 충분한 휴식 없이 에너지 소모만 나날이 계속되면, 결국 그냥 아무 생각 없이 제발 쉬고 싶다고 생각하게 된다. 아무런 구체적인 상황을 생각하지 않고 쉬고 싶다는 생각만 할 때 우리에게는 질병이 생기거나 사고가 터질 수 있다. 정말로 많은 사람이 이런 상황을 겪는다.

어떤 상황에서든 감정은 내가 선택할 수 있다

그러면 열심히 일했는데 도대체 무엇이 잘못되었을까? 직장인이든, 자영업자든 바로 자기 통제권에 대한 문제는 어떤 일을 시작할 때 항상 생각해보아야 한다. 내가 직장에서 하는 일을 나의 통제로 만드는 것이 어려울 것으로 생각할 수 있다. 하지만 내 선택에 따라 같은 상황이어도 다른 감정을 선택할 수는 있다.

은행 창구에서 수많은 고객이 맡긴 업무 처리를 하다 보면, 가끔 예상치 못한 일이 발생하기도 했다. 신분증을 가지고 오지 않아 업무가 어려운데도 무조건 해달라는 사람이 있고, 지점장이 어디 있냐며 나오라고 하거나, 정말로 말도 안 되는 상황에서 죄송하다고 먼저 달래야 하는 상황도 비일비재하다. 한번은 정말 금리를 0.1% 우대금리를 주지 않았다며 잡아먹을 듯이 노려보며 화를 내는 고객이 있었다. 나는 우대금리 요건이 맞지 않아서 드릴 수 없다고 했지만, 그 고객은 자신이 이곳에서 거래한 게 얼마나 오래되었는데 안 되냐며 무능한 직원이라고 계속 소리를 질렀다.

직장 안에서 이런 일이 벌어지면, 신입사원이었던 나는 당황하며 쩔쩔맸다. 어떻게 해야 할지 몰라, 당황하고 있을 때 지점장님이 없었기 때문에 온전히 내가 그 상황을 해결해야만 했다. 전화로 다짜고짜 욕을 하는 사람이 있었을 때는 눈물이 나기도 했다. 하지만 그런 상황들마다 매번 상처받기를 선택했다면, 한 직장에서 5년을 견딜 수 있었을까. 나는 그 사람이 화를 내고, 부당한 요구를 하는 것처럼 보이는 상황에서 하는 말은 나를 향한 말이 아니라고 생각했다. 그 사람의 감정에 내가 반응할 필요가 없다는 것이다. 잠시 그런 상황에 닥칠 때면 내 머리 위로 올라가 나를 바라보는 또 다른 객체가 되었다고 생각하며, 어떻게 하면 이 상황에서 가장 좋은 해결책을 생각해낼 수 있는지만 생각했다. 어떤 상황이 벌어져도 나의 통제권을 잃지 않기 위해 노력했다. 사과해서 먼저 고객의 감정이 누그러진다면 그렇게 했다. 내가 할 수 있는 방법들을 설명했고, 대부분 고객은 영업시간이 지나면 돌아갔기 때문에 어떤 경우에서든 침착하게 대응할 수 있었다.

사실 직장을 다닐 때 가장 어려웠고, 나 자신을 다시 보게 된 것은 직장 선배 덕분이었다. 보통 한 직장에서 같이 다니는 직장 동료는 절대적인 시간으로는 많은 시간을 보는 사람이지만, 마음으로는 참 먼 사람들이다. 아무리 살가운 이야기들을 주고받아도, 보이지 않는 적대심이 있다. 경쟁 사회에서 누가 먼저 올라가느냐가 은연중에 깔려 있어서인지는 몰라도, 나는 마치 대학교 다닐 때처럼 생각했다가, 아주 큰코다쳤다.

지금 와서 생각해보면, 내가 가지고 있지 않은 점을 가진 사람과 함께 일하게 되면 서로가 이해되지 않을 수 있다는 것이다. 다른 곳이라면 굳이 너와 내가 시시비비를 따질 이유가 없지만, 직장 내에서는 상하관계라는 이유만으로 무조건 따라야 한다는 게 더 많은 갈등을 유발하기도 한다.

직장에서 월급 받고 일하기도 바쁜데, 직장 내 관계까지 신경 쓰다 보니 정신적으로 많은 스트레스를 유발한다. 서로 업무적으로 얽힌 일이 없다면 내 일만 하면 된다. 하지만 많은 직장이 여러 사람과 서로 함께 일을 해야 하다 보니 그렇게 아무하고도 관계하지 않고 일하는 경우가 드물다. 그럴 때 내가 깨달은 것은 타인은 나의 거울이라는 점이다. 내가 보고 싶지 않은 모습을 가진 사람을 보면 더 싫어하게 되고, 나를 싫어하는 사람을 보면 내가 피해자인 것처럼 보이기도 한다.

일하며 견뎌야 하는 순간마다 스스로 감정을 선택할 수 있다는 사실을 기억하라. 내가 빚에 관해 이야기하며 감정에 관한 이야기에 집중하는 데는 우리의 빚 중에 나쁜 빚이 늘어나는 요소 중 가장 근원적인 요소가 바로 감정이기 때문이다. 불안, 두려움, 피해의식 등 때문에 선택한 것은 좋은 결과를 가져오지 못한다. 그냥 회사에 다니는 상황에서 내가 겪는 모든 상황이 내가 피해자인 것 같아 무리해 빚져서 창업하거나, 사람이 싫어서 무조건 이직하면, 비슷한 패턴이 반복된다.

빚을 져야만 하는 상황이 오면 항상 생각해야 한다. 이 빚이 지금 나의 커리어에 도움이 되는지, 나의 삶에 도움이 되는지를 말이다. 그러고 나서 감정 통제권을 벗어나지 않는 선에서 빚지는 것이 중요하다. 열심히만 한다고 해서 돈을 더 벌 수 있는 게 아니듯이, 열심히 일하는데 빚만 늘어가고 있다면, 지금 나의 감정 상태를 살펴보아라. 그리고 나와의 대화를 통해 더 나은 방향으로 흘러갈 수 있도록 하자.

12년의 정규교육이
알려주지 않는 돈 공부

학교에서 배운 수동적인 지식보다
주체적으로 행동하는 법을 배운 아이가 부자 되기 쉽다

초등학교 6년, 중학교 3년, 고등학교 3년을 우리는 정규교육을 받는다. 대학 교육까지 합치면 무려 16년 동안 교육받고 회사에 들어가게 되면, 월급 200만 원을 받는 처지다. 그런데도 처음 회사에 들어가게 되면 신세계가 펼쳐진다. 업무상에 필요한 사회관계 능력 또는 사무 능력은 공교육에서 배운 것과는 완전히 다른 세상이다. 학교에서는 앞서서 해야 할 공부만 하면 점수가 나온다. 시험을 망치더라도 선생님과 부모님은 일단 상사처럼 매서운 눈빛을 보내기 전에 걱정을 먼저 해준다. 우리는 실제로 사회에 나와서야 새로운 사회 공부를 시작한다.

어떤 상황에서도 우리는 제대로 된 돈 공부를 받을 기회가 없었다. 가정 내에서나 학교에서도 말이다. 보통의 가정은 돈에 관해 이야기하는 것을 돈만 밝힌다며 꺼리는 경우가 많다. 실제로 돈, 돈 하면 마치 돈밖에 모르는 사람으로 찍힐 수도 있다.

하지만 이렇게 자본주의 세상에 살면서 돈 이야기 하나 편하게 할 곳이 없다는 게 참으로 이상하지 않은가. 내가 살아가며 필요한 모든 물건, 차, 집은 돈이 없이는 교환할 수가 없는 대상이다. 그러니 살아가는 데 있어 정말 필요한 나의 의식주를 위해 돈 공부는 필수다. 돈 공부는 생존능력과 같다. 그런데도 우리의 부모, 선생님은 알려주지 않는다. 스스로 해야 하는 일이라기에는 너무나도 강한 파도와 같다. 그래서 처음 부딪히는 돈 문제에 대부분의 사회 초년생들은 겁을 내게 된다.

회사생활을 열심히 한 남편은 내가 은행에서 일하는 것을 보면서, 본인은 은행에 가는 것이 무섭다고 말했다. 은행을 가는 것 자체가 떨린다고 말이다. 은행에서 직장생활을 했을 때는 남편의 말에 '그럴 수도 있구나' 했지만, 지금 직장을 나와 은행을 갈 때면 왠지 모를 그 떨림을 이해하게 되었다. 은행은 나를 신용으로 평가하는 곳이다. 기본적으로 마트와 같이 아무렇지 않게 가서 요구할 수 있는 일도 있지만, 은행의 도움을 받아야 하는 경우 내 신용을 평가해 도움을 줄지, 말지를 결정하기 때문에, 왠지 모를 불편감이 있을 수 있다.

특히나 금융과 친숙하지 않은 일을 하는 사람들일수록 더욱 그렇다. 적금에 가입하거나 간단한 통장을 만드는 것도 이제는 인터넷에서 하는 것이 더 빠르고 신속하다. 이렇듯 은행에 직접 가지 않고 해결을 할 수 있기 때문에 나이가 어릴수록 은행 창구에서 업무를 보는 것이 더 어색해지고 있다.

　사실 기본 업무만 볼 것이라면 은행에 굳이 갈 필요는 없다고 생각한다. 하지만 내가 은행에 가서 업무를 볼 때면 비치된 여러 상품을 보면서, 금융에 대해 내가 더 알아야 할 것이 있는지 레이더가 돌아가게 된다. 청약은 어떻게 해야 유리한지, 외환 통장은 왜 필요한지, 내가 지금 관리하는 통장에서 자동이체나 모르는 돈이 빠져나가고 있는 것은 없는지, 나의 신용은 어떠한지, 그리고 은행을 내 편으로 만들기 위해서는 어떻게 해야 하는지 우리는 모르고 있다. 나는 간접적이든, 직접적이든 돈과 친해지기 위한 노력은 필요하다고 생각한다. 그렇지 않으면 돈도 매번 처음 만난 사람처럼 데면데면한 사이가 된다.

시행착오를 줄이길 원한다면, 그 분야 전문가의 조언을 듣고 행하라

　눈에 보이는 물체는 중요하다. 우리는 시각적인 것에 반응을 빠르게 한다. 나는 20살 대학생이 되어서 처음으로 내가 관리하는 통장을 만들었다. 대학생이 되어 입출금 통장과 청약 통장에 가입했다. 대학교 4학년 때 미국으로 갈 자금이 필요해 청약 통장을 깼었는데, 지금 생각해보면 통장은 유지하고 담보대출을 해도 되었으나 그렇게 청약 통장 안에 있는 돈을 활용할 수 있다는 사실을 몰랐다.

알면 잘 활용할 수 있지만, 나처럼 모르는 사람들은 힘들게 부은 청약 통장을 깨는 예도 있을 것이다. 이러한 세세한 금융정보는 직접 찾아보지 않으면, 그 분야에서 익숙하게 일하고 있는 사람에게 도움을 받는 것이 좋다. 요즘은 은행에 다니며 금융정보에 대해 알려주는 유튜버들이 많다. 내가 예금이나 보험 등 저축할 때나 대출할 때 이런 정보들을 먼저 찾아보면 큰 도움을 얻을 수 있다. 실제로 그 업종에서 오랫동안 사람들을 도와주고, 본인 스스로도 직접 해본 사람들의 말이 가장 도움이 되기 때문이다.

돈에 대해, 금융에 대해 까막눈으로 살면 가끔 당혹스러운 일이 발생기기도 한다. 내가 몰랐기 때문에 겪어야 하는 감정의 힘듦 중에서 돈에 관련된 일들은 대부분 큰 스트레스가 된다. 갑자기 목돈이 필요한 시기에 생각지 못한 세금이 크게 나온다거나, 예상치 못한 돈 문제가 발생했을 때 어떻게 해결해야 할지 우리는 배우지 못했다. 그래서 전전긍긍하다가 가까스로 해결은 했지만, 돈이 한 번에 크게 필요한 이런 상황에서 대부분은 불안과 두려움을 느낀다.

세상에는 돈을 융통할 수 있는 현명한 방법들이 많이 존재한다. 직장인이라면 내가 가진 돈보다 너무 큰돈이 한 번에 필요한 경우, 목적에 따라 안전한 신용대출을 이용할 수도 있고, 카드 결제 시 할부 결제를 통해 나누어 내면서 심리적인 안정을 택할 수도 있다. 내가 가지고 있는 보험이나 청약, 예금, 주식 등을 담보로 잠시 돈을 쓸 수도 있다. 어떤 방법이 더 유리한지는 각자가 처한 상황에 따라 다르다. 아무도 가르쳐 주지 않았기 때문에 스스로 알아보아야 하고, 실행하는 법도 모두 스스로 해야 한다. 이렇게 내가 가지고 있는 자산과 금융상품들을 활용할 수 있는 능력을 키워 두면 어떤 상황에서든 통제권을 가지게 된다.

전문직도 돈 공부는 필수다

치과의사인 분이 내 책을 보고, 나에게 돈 공부에 대해 배우고 싶다고 연락을 준 적이 있다. 연봉은 남들이 모두 부러워하는 정도였지만, 일만 하다 보니 자산에 관한 공부나 돈을 제대로 공부한 적이 없다고 했다. 파이프라인이 자신이 하는 일 하나인 사람은 갑자기 발생하는 여러 가지 상황에 대처하기가 어렵다. 내가 일하지 않으면 돈을 벌 수가 없는 구조이기 때문에 우리는 일을 할 때 항상 돈 공부를 시작해야 한다. 금융권에서 업무를 하는 사람들도 그저 직장으로만 생각하고, 돈 공부를 안 하는 사람들도 많다. 나 또한 업무에 대해서만 생각했고 내가 살아가는 데 필요한 돈 공부는 스스로 저축과 투자를 하며 알게 되었다. 나에게로 흘러오는 돈을 더 크게 만드는 것은 오로지 나의 몫이다.

우리는 공교육을 통해 수업을 듣는 것에 익숙해져 있다. 그래서 수많은 돈 공부 선생님을 인터넷 강의로 선택할 수도 있는 세상이다. 간접 경험에는 강의를 듣거나, 책을 보는 것을 추천한다. 내가 도움을 얻었던 방식이다. 나는 좀 더 역동적으로 활동하는 것을 좋아해 정말로 배우고 싶은 내용들은 반드시 오프라인 강의를 찾아가서 들었다. 내가 아이들에게 금융 교육을 해주면서 느꼈던 희열이 아직도 생생하다.

지금은 돈 공부가 처음인 많은 사람에게 책으로, 유튜브로, 오프라인으로 강의한다. 사실 내가 알고 있는 것들은 먼저 몰랐기 때문에 힘들었던 문제들이었다. 그리고 지금은 해결 방법을 찾아 더 이상 문제가 되지 않은 것들이다. 누구나 살면서 자기 삶에서 발생한 여러 문제를 해결하면서 살아간다.

경험을 통해 얻은 깨달음은 살아 있는 지혜다. 우리가 돈 공부에 관해 관심을 가지기 시작한 순간, 이미 돈 공부는 시작되었다. 보이지 않던 경제 뉴스가 보이기 시작할 것이고, 금융 용어들이 궁금해지기 시작할 것이다. 그렇게 관심을 꾸준히 유지하기 위해 눈에 보이는 장치들을 만들어두면 좋다. 매달 찍히는 통장의 잔고와 주식 수가 늘어가는 것을 보게 되면, 의욕이 솟아날 것이다.

돈 공부는 어떻게 삶의 무기가 되는가?
– 돈 공부로 삶의 주도권을 되찾아라

돈 공부는 자유를 주고 삶에 통제권을 가지게 해준다

자존감이라는 말이 요새 많이 들려온다. 내 주변의 작가님들도 자존감에 관한 책을 써서 여러 권을 본 적 있다. 누구나 자기 자신에 대한 정의를 내리며 자신도 모르게 그 정의 안에서 살아간다. 나의 인생 책 중에 《신과 나눈 이야기》가 있다. 닐 도날드 월쉬(Neale Donald Walsch)의 책으로 내가 어떤 사람인지, 어떤 인생을 살아가고 싶은지를 알게 해준 책이다. 어려서부터 나는 누구인지, 내가 왜 살아야 하는지에 대한 의문이 들 때가 많았다.

이 책을 보고 나서야 진정한 자유를 알았다. 경제적 자유를 좇다가 남들이 말하는 월 3,000만 원의 돈을 벌게 된 순간보다 이 책으로 인한 자유가 더 컸다. 책을 읽고 나서 깨달은 점은 이 세상의 모든 것은 진실로 하나라는 점이다. 내가 다른 사람과 나를 비교하면서 생긴 수많은 상처가 치유되었다.

그리고 '나'라는 사람이 왜 존재하는지도 알게 되었다. 이 책을 보는 많은 분도 나와 같은 감정을 느끼기를 원해 책에서 나오는 비유를 소개하고 싶다. 세상에 빅뱅이 있기 전, 모든 것은 빛이라는 공간에 존재하는 빛이었다. 그리고 그 빛은 스스로 다양한 경험을 하고 싶어 존재의 근원에게 요청한다. 그래서 빛은 스스로 어둠으로 들어가 자신의 존재를 잊고 살아간다. 그게 바로 우리의 존재다. 모두가 체험하기 위해 존재를 만들어 살아간다. 세상의 많은 사람이 모두 다 사실은 하나의 존재다. 이 사실을 온몸으로 깨달았을 때 느낄 수 있는 해방감이란!

돈 공부는 나와 가족을 지키는 초석이다

내가 돈 공부를 시작한 것은 주식 투자를 시작하면서부터다. 지금 떠올려 보라고 한다면 수많은 배움이 있었지만, 가장 빠르게 성장하기 시작한 것이 그때부터였다. 실제로 내가 힘들게 번 돈을 투자하다 보니 더 관심이 갔다. 솔직히 말하면 공부라도 하지 않으면 불안해서 가만히 있을 수가 없었다.

투자를 처음 하는 사람들이 대부분 겪는 공포다. '내가 모르는 정보가 있지 않을까?' 이런 불안함 때문에 하루에도 수많은 뉴스를 읽는다. 뉴스를 보고도 이게 무슨 말인지 모르면, 역시나 '내가 몰라서 제대로 투자를 못 하는 거구나' 낙담한다. 매일 새벽, 퇴근 후에 내가 헤맸던 시간이 얼마였을까. 오랜 시간 동안 돈을 좇으며 낙담했던 시간은 얼마나 될까. 20살에 처음 투자를 알았고, 미친 듯이 투자를 시작한 것이 벌써 14년째가 되었다. 처음에는 그저 부모님 호강시켜드리는 착한 딸이 되고 싶었다. 나는 어려서부터 공부의 목적이 부모님께 효도하는 것이었다. 내가 이렇게 행복하게 살 수 있는 것은 모두 우리 부모님 덕분이라고 생각했다.

돈을 벌어 부모님이 행복하게 살 수 있는 데 도움이 되었으면 좋겠다고 막연하게 생각했다. 의식 책들을 보면서 또다시 해방감을 찾을 수 있었던 것도 나의 이러한 점 때문이다. 나는 책임감을 가진 사람이라고 생각했지만, 사실 우리는 모두 나라는 존재 말고는 다른 어떤 이도 책임을 질 수 없는 존재다. 모든 존재가 자기 자신을 체험하기 위해 환경과 상황 및 감정을 선택하기 때문에 다른 어떤 이에게도 흔들릴 이유가 없다. 우리 부모님에게는 부모님이 선택한 인생이 있고, 자녀에게는 자녀가 택한 인생이 있다. 그동안 그 사실을 몰라서 너무나도 헤맸었다.

나는 책을 보는 순간이 가장 행복하다. 매일 밤 잠들기 전 반드시 한 줄의 글이라도 보려고 한다. 내가 하루 종일 가지고 있던 생각과는 다른 방향을 책은 보게 해준다. 공간에 떠다니는 아이디어를 잡는 것이 창의성이라는 말을 듣고, 나는 그대로 행하기 위해 그동안 이 공간에 존재했던 많은 나의 선배들의 말을 잡고자 한다. 투자하면서 얻은 것은 수익뿐만이 아니다. 그동안 내가 발전을 해온 것을 따지면 돈으로도 환산할 수가 없다.

뿌리 깊은 나무로 우뚝 서라

삶의 주도권을 쥔 사람들은 흔들리지 않는다. 돈 공부는 나에 관한 공부와 같다. 같은 돈 공부라고 하더라도 모두가 선택하는 것이 다르다. 자신의 성향에 맞는 투자와 자기계발을 꾸준히 하게 된다. 그래서 많은 사람의 이야기를 듣고 실행해도 결과가 다른 것이다. 돈 공부는 누군가에게 배울 수는 있지만, 결국 자신의 몫이 가장 크다.

주입식 교육이 익숙한 세대에게 돈 공부는 그래서 어렵다. 처음 시작할 때 어떤 것부터 시작해야 하는지 스스로 결정을 내려야 하기 때문이다. 범위도 넓어서 시작을 어려워한다. 돈 공부에는 정답이 없다. 자신만의 해답을 찾아야 한다.

중학교 때 논술 시험을 볼 때 가장 어려웠던 점이 문제에 대한 답을 스스로 생각하고 써야 한다는 점이 너무 어려웠다. 지금 다시 논술 문제의 답을 적으라고 한다면, 출제자가 원하는 문제에 대한 논점을 단어로 정의하고, 나의 경험과 생각을 담아서 쓰고 싶다. 경험이 담기면 공감이 된다. 그리고 문제에 나와 있는 단어에 대해 답안지에 함께 언급해주면, 내가 이 문제의 논점에서 벗어나지 않았다는 것을 보여 줄 수 있다.

20살에 처음 시작했던 주식 투자를 나는 정말 잘하고 싶었다. 그래서 열심히 정답을 찾아왔다. 하지만 계속 블랙홀로 빠지는 기분이었다. 그러다 문득 내가 지금까지 해온 투자에 대해 ○, ✕로 표시하며 복기해보았다. 그래서 수익이 났던 상품과 나의 투자 판단을 계속해서 좁혀 보았다. 그리고 그 안에서 다시 문득 생각난 아이디어를 접목해 투자해보았다. 그렇게 절대적인 시간이 쌓이고, 내 생각이 정리되자 꾸준한 투자 수익을 얻을 수 있게 되었다. 남들이 뭐라고 하는 일에 신경 쓰는 것이 아니라, 내가 생각한 것에 오류는 없는지만 찾게 되었고, 주식의 장점은 바로 계좌로 판단이 된다는 것이다.

돈 공부는 삶의 무기가 된다. 나만의 해답으로 세상을 헤쳐 나갈 힘이 된다. 내가 중심이 바로 서서 세상을 바라보게 해준다. 지금도 수많은 정보가 쏟아져 나오고 있다. 하지만 나에게 필요한 것은 내가 살아가는 데 필요한 요소들을 스스로 생각하고 답을 내릴 수 있는가다. 삶을 주인공으로 살고 싶다면 자본주의 시대에는 돈 공부가 필수다.

가장 위험한 것은
직장만 다니는 나 자신이다

소명이 아닌 직장은 아르바이트와 같다

직장인이 되면 누구나 겪는 애환이 있다. 매달 나오는 월급을 받으며 내 삶을 꾸려가지만, 직장 내에서 원치 않는 말을 듣거나 과도한 일을 맡았을 때 내가 정말 이 직장에서 계속 일해나갈 수 있을지 스트레스를 받는다. 가끔 말도 안 되는 일로 질책받으면, '정말 이 직장을 때려치워야지' 하는 생각이 들 때도 있다. 그럴 때마다 화를 누그러뜨리며 '회사 밖은 지옥'이라는 말을 되새긴다. 실제로 직장 선배들은 "이 직장이 최고의 직장이며, 너희는 운이 좋은 거다"라는 말을 한다. 나는 그 말을 들을 때마다 '그래, 밖은 더 힘들 거야. 그러니 여기서 더 버티자'라고 생각했다. 하지만 정말 아무것도 하지 않은 채 갑자기 직장을 나가야 하는 상황이 발생한다면 어떨까.

세상에는 수많은 업을 가진 사람들이 각자의 일을 하며 살아간다. 나는 직장을 나가면 내가 할 수 있는 일이 많지 않을 것으로 생각해 지금 내가 있는 곳에서 최선을 다해야겠다고 생각했다. 그리고 직장에서 인정받아 지점장까지 올라가면, 신도 모르는 최고의 직장에 다니는 것이라고 자부했다. 안정적인 정년을 보장받고, 연봉도 금융권이라 초봉부터 세다는 생각에 안주했다. 그러다 내가 본점에서 일할 때 전무님이 회사에서 나가게 되는 것을 보면서 회사에 더 다니고 싶어도, 때가 되면 나갈 수밖에 없는 곳이 직장이라는 생각이 들었다.

전무님은 암 수술을 하고도 회복 기간인 3개월이 지나자마자 회사에 바로 나왔다고 했고, 지점장님은 아이를 낳고 한 달 만에 바로 회사에 나와 몸을 추스를 시간도 없었다고 했다. 그러면서 회사에서 살아남기 위해서는 당연하다고 했다. 나는 나의 모든 시간과 열정, 가족들과 보내는 행복한 시간까지 모두 바쳐 이곳에서 살아남아야 할 이유가 있을까 상상해보았다. 그러다 문득 지금 내가 맡은 업무는 누구든 대체할 수 있는 일이었고, 내가 아니라도 아무 상관이 없는 일이라는 생각이 들었다.

기계의 부품으로 만족할 수 있을까?

누군가는 작은 기계의 부품이 될 수도 있고, 누군가는 거대한 대기업의 톱니바퀴가 될 수도 있다. 그 기계 안에서, 전체적으로 기계가 어떻게 돌아가는지 관찰을 할 수도 있다. 하지만 밑바닥부터 삶을 시작해야 한다는 말은 어떻게 보면 희망을 주기도 하지만, 실제로는 굉장히 위험한 말이다. 누군가의 욕망을 죽이는 말일 수도 있기 때문이다. 밑바닥에서 삶을 시작하게 되면, 위로 올라가는 것이 너무나도 멀어 보여서 욕망을 죽이는 경우가 있다. 그래서 나는 열심히 일하려면, 제대로 된 방향을 보고 가야 한다고 생각한다.

위치를 바꿔야 일하는 성과도 눈에 띈다. 우리가 사는 세상은 어떤 위치에 있느냐에 따라 성과가 달라지는 곳이다. 피라미드 구조 같은 신분제도가 사라졌다고 해서 완전히 없어진 것이 아니다. 피라미드 구조를 가진 세상은 네모났기 때문에 맨 위에 있는 계층은 많은 것을 누리고, 아래로 갈수록 작은 것을 두고 경쟁해야 한다. 아니라고 하기에는 너무나도 분명하게 갈리는 것을 세상을 보면 객관적으로 볼 수 있다. 하지만 위치를 바꾸는 데는 제한이 없다. 누구든지 선택하면 할 수 있다.

나는 위치를 바꾸기로 결심했다. 노동자에서 자본가가 되기로, 소비자에서 창조자가 되기로, 그리고 독자에서 작가가 되기로 결심했다. 내가 하는 모든 일이 이제는 수동적인 자세가 아닌, 능동적인 곳에서 다른 사람들에게 영향을 미치는 일이라는 생각으로 임했다. 직장인으로 일하면서 나는 하나씩 나의 모습을 그려보았다. 베스트셀러 작가가 되어 많은 사람 앞에서 강연하는 모습을 그려보았다. 나는 대학교 3학년 때, 갑자기 찾아온 관절염으로 인해 온몸이 아팠던 적이 있었다. 아침에 눈을 뜨면 고통 그 자체였다. 두통과 온몸에 고통이 너무 심해 눈을 뜨면 움직이지도 못한 채 눈물만 흘렸다. 그때 내가 겪는 고통은 너무나도 컸지만, 아무도 내가 아픈 것을 이해하지 못하는 것을 보며, 먼지 같은 상처여도 내 고통은 우주만큼 크지만, 다른 사람의 고통은 작게만 느껴진다는 말을 실감했다. 그렇게 1년 반 동안 약을 먹으며 병과 싸웠다.

당시에 나는 침대에 누워 책을 보며 대부분 시간을 보냈다. 힘들고 세상일이 너무나도 힘들 때 책을 보면 세상과 멀어질 수 있었다. 그래서 아플 때도 책을 보면서 견뎠다. 그때 힘이 되어준 책들을 보며 작가에 대한 꿈을 가지게 되었다. 하지만 너무나도 막연해서 당시 내가 꾸었던 꿈을 잊고 지내다가 20대 후반이 되어서야 다시 작가라는 꿈을 가지게 되었다. 내가 겪은 경험이 다른 누군가에게 힘이 될 수도 있다는 사실만으로도 가슴이 떨린다.

내가 항상 안주할 때마다 이상하게도 몸이 아프거나, 반드시 생각의 관점을 바꿔야만 하는 일들이 발생했다. 그냥 평범하게 대학을 스트레이트로 졸업해 바로 은행에 가려 했지만, 친구와 함께 지원한 미국 인턴십 프로그램에 합격해 갑자기 미국으로 날아갔을 때도 그랬다. 많은 생각을 한 것은 아니었지만, 내 삶에 큰 전환점이 되었다. 몸이 아파 집에서 하루 종일 책만 보던 때에도 나는 침대에서 내가 원하는 삶들을 그려보았다. 그리고 병마와 싸우면서도 많은 사람에게 영감을 준 작가들의 이야기를 보며 나의 미래를 꿈꿨다.

세상은 꿈꾸는 자의 것이다. 누구나 하루 24시간을 살아가지만, 닥쳐오는 현실에 대응하는 사람들이 대부분이다. 하지만 꿈꾸는 사람들은 항상 자신이 원하는 바를 강렬하게 생각한다. 그리고 꿈과 목적에 따라 움직인다. 그래서 이 세상은 2%가 98%를 움직이는 것이다.

현실적으로 불가능해 보이더라도
지금, 이 순간부터 부를 욕망하라

직장에 다니며 직장이라는 시스템을 만든 사람을 보면, 그 사람들은 생각하며 살고 있다는 사실을 알 수 있다. 우리는 모두 생각하며 사는 것 같지만, 사실은 대부분 잠재된 무의식에 따라 움직이고 있다. 지금까지 당연하게 생각해왔던 대로 그것이 옳다며 행동하고 있다. 일이 있으니 일하고, 밥 시간이니 밥을 먹는다. 하지만 그러면서도 내 안에 깊은 나는 계속 무엇인가를 갈구하고 있다. 부를 원하고, 욕망하는 것은 그래서 가장 자연스럽다. 내가 정말 경제적 자유를 원하고, 돈이 불어나기를 원하는 것은 내 안의 진짜 내가 하고 싶은 일을 하라고 갈구하는 것이다.

시간과 돈이 무한하다면 당신은 무엇을 하고 싶은가. 나는 아직도 이 질문에 대해 답하고 있다. 정말로 원하는 일을 하고, 좋아하는 사람들과 함께 매 순간 내가 하는 말과 행동 모든 것이 나를 느끼는 충만함으로 가득하기를 원한다. 꿈을 향해 달리는 사람들과 함께 성장하면서 사랑과 기쁨이 가득한 순간들로 가득 채우고 있다. 그렇게 하기로 내가 선택했기 때문이다.

중학교에서 성적을 올리고 싶어서 갔던 학원에서 선생님이 우리에게 해준 말이 있다.

"너희는 지금 모두 같은 기차에 타 있어. 그런데 그 기차는 절벽을 향해 가고 있어. 그런데도 아무도 위험하다는 사실을 몰라. 왜냐하면 모두 같은 곳에 있기 때문이지. 이 지역 아이들은 왜 이렇게 공부에 관심이 없을까?"

선생님이 하는 말에 나는 깜짝 놀랐다. 중학교에서만 좋은 성적을 받으면 나는 정말 최고가 된 것으로 생각했는데 선생님이 하신 말씀을 듣고, 고등학교는 다른 지역으로 가야겠다고 생각했다. 그리고 실제로 다른 지역의 고등학교에 갔을 때 처음 받은 성적은 학교 다니면서 처음 받아보는 성적이었고, 다시 열심히 해서 위로 올라가야겠다는 의지를 불태우는 자극이 되었다. 나는 공부를 할 때도, 운동할 때도 무엇인가를 성취할 일이 생기면 의욕이 불탔다. 하지만 아무런 목표 의식이 없을 때는 한없이 나태해지기만 했다. 지금은 스스로 나를 지켜봐 오며 느낀 점이 많아 나에게 항상 목표를 주고 있다. 지금 내가 해야만 하는 일을 외부적으로, 환경적으로 할 수밖에 없는 상황을 만들어 목표물을 향해 달리게 한다. 그러면서 나는 스스로 성취감을 느낀다. 오늘도 나는 매일 점점 더 나아지고 있다. 직장인으로 만족하는 것이 아닌, 투자자로, 그리고 사업가로 매일 급격히 성장하고 있다.

아끼면
부자가 되는 줄 알았다

하루의 에너지를 아끼지 말고 더 버는 것에 집중하라

나는 소음인이다. 몸이 항상 냉한 체질이라 더위를 잘 타지 않는다. 그런데 여름에 덥고 습한 날씨에 잠을 잘 때면, 항상 뒤척이며 잤다. 너무 더웠기 때문이다. 결혼을 하기 전까지 우리 집은 에어컨은 있지만, 켤 수가 없었다. 아버지의 생활 방침이 '더우면 참으면 된다'였기 때문이다. 그래서 에어컨 없는 여름을 나는 데 익숙해져 있었다.

결혼하고 난 후 남편과 함께 생활하면서 더울 때는 에어컨을 켜고 잘 수 있다는 사실이 얼마나 생활의 질을 높여주는지 알게 되었다. 한 푼이라도 아끼기 위해 그동안 당연하다는 생각으로 지내왔지만, 막상 누려보니 다시 돌아가기가 힘들었다. 에너지를 아끼고, 돈을 아끼는 행위가 잘못되었다는 것이 아니다. 우리가 힘들었던 시절 한 푼이라도 아껴서 정말로 지금의 경제를 이룩해온 우리 부모님 세대의 분들은 몸에 밴 생활 습관이 절약이다. 그리고 그렇게 아껴서 남부럽지 않게 키우기 위해 누리면서 자라온 세대가 지금의 20, 30대다.

아껴서 부자가 될 것으로 생각한 나는 한 달에 20만 원 정도만 용돈을 쓰고 나머지는 모두 저축했다. 직장인이 되면 그게 당연한 것으로 생각했다. 직장에서 계속 돈을 모으면 부자가 될 것으로 생각했다. 그런데 시간이 갈수록 직장 선배들이 자의 또는 타의로 직장을 나가는 모습을 수도 없이 지켜보며 관점이 바뀌었다. 직장을 다니는 내내 아무리 돈을 아껴도 부자가 되는 것이 아니라 제자리걸음이거나, 뒤로 후퇴하는 일이 비일비재했기 때문이다.

진짜 부자들은 대체 무엇을 해서 부자가 된 것일까. 정말 그 질문에 대한 답을, 내가 이해할 수 있는 답을 원했다. 그래서 평일에 여유롭게 은행에 오는 자산이 많은 부자를 보았다. 엄마와 딸이 함께 은행에 와서 여유롭게 VIP실에서 차를 마시고, 아이를 데리고 산책 다니는 모습을 보았다. 그들은 대출 VIP였다. 예금이 아니라 대출이었다. 나는 그 사실에 또 한 번 놀랐다. 왜 여태까지 빚은 나쁘다고만 생각한 것일까. 내 무의식에 빚은 도대체 무엇일까 하고 들여다보는 계기가 되었다.

《부의 추월차선》이라는 책을 보고, 내가 행한 모든 경험이 지금의 나를 만들었다. 항상 부에 대해 답을 찾아 헤매던 나에게 《부의 추월차선》과 《백만장자 시크릿》이라는 책은 혁명적이었다. 내가 그린 부의 청사진이 어려서부터 새겨져 있던 무의식을 따라왔고, 그동안 아무렇지 않게 행동했던 나의 행동 패턴이 서행차선이었다는 사실에 놀랐다. 그렇게 현실을 인지하고 나니 오히려 마음이 편했다.

경험이 가장 큰 자산이다

현금흐름표에서 플러스와 마이너스 측을 보면 우리는 들어오는 돈인 월급이 있고, 나가는 돈인 생활비를 보게 된다. 월급을 늘리는 일에는 아무래도 직장에 다니다 보면 한계가 있다. 연봉이 올라도 1년에 2% 이상 오르기 힘들다. 생활비를 줄이는 것도 한 달에 대중교통을 좀더 저렴한 교통을 이용하거나, 식대를 줄이는 노력을 해 10만 원 이상을 줄이기가 힘들다. 그렇게 1년을 아끼고 모아도 100만 원 안팎이 된다. 그러면 어느 세월에 부자가 될 수 있을까. 사람들은 천천히 부자되기가 현실적으로 맞다고 생각한다. 하지만 천천히 부자가 된다는 것은 희망 고문과 같다. 지금의 나에게 안주하라는 말처럼 들린다.

내가 20대에 들었던 생각은 도전하며 겪은 모든 경험은 나의 자산이 된다는 것이다. 정말로 그래왔고, 스티브 잡스(Steve Jobs)가 했던 연설처럼 모든 나의 경험이 점이 되어 선을 만들 수 있게 해주었다. 내가 원하는 그림을 그릴 때 점이 더 많다면 더 쉽게 그릴 수 있다. 하지만 경험마저 따라 주지 않는다면 아예 그림조차 그릴 수가 없는 것이다.

'빠르게 더 빠르게 양으로 승부하라.'

나의 삶의 패턴이자 모토다. 양과 속도로 모든 일을 빠르게 하다 보면 질을 높이는 것은 그다음에 할 수 있다. 하지만 처음부터 질을 높이려 하면, 아예 답을 알 수가 없어진다. 책을 볼 때도 원하는 책들을 한꺼번에 주문한 다음 책상에 모두 올려두고 원하는 대로 읽다 보면 영감을 주는 문장들이 있다. 그렇게 하루에 10권을 볼 수도 있다. 그런데 처음부터 끝까지 정독하려고 하면 시간은 많이 들지만, 결국 내가 얻은 것은 무엇이고, 행한 것은 무엇인가를 볼 때 나의 소중한 시간만 썼을 경우가 많다.

미국에서 지내는 동안 어학연수를 마치고 쉬는 타임에 친구들과 함께 캐나다에 나이아가라 폭포를 보러 가기로 했다. 나는 사실 미국이 어떤 나라인지, 제대로 인지하지 않고 떠나서 캐나다와 미국이 가깝다는 사실조차 몰랐다. 친구 따라 강남 간다고 함께 가자고 해서 가게 되었다. 뉴욕에서 저렴하게 갈 수 있고, 밤새 달리는 그레이하운드 이층버스를 타고 여행하게 되었다. 한참을 달리던 도중 잠을 자다가 쉬어가는 도롯가에 버스가 섰을 때 잠시 밖을 나갔다. 몸이 너무 찌뿌둥해 밖에 나가 스트레칭을 하려고 나갔는데, 밤하늘을 보고 나는 감탄에 감탄을 연발했다.

밤하늘에 별이 층층이 미친 듯이 쏟아지고 있었다. 나는 태어나 그렇게 많은 별이 이 지구별에 존재한다는 사실을 그때 알았다. 내 눈에 담기 위해 보고 또 보았다. 그리고 자연의 광활함을 보며, 같은 세상을 살아가는데 왜 한국에서는 이런 무한한 별이 쏟아지는 하늘을 볼 수 없었는지 의아했다. 그리고 캐나다에 도착해서 본 나이아가라 폭

포는 정말 장관이었다. 어마어마한 물줄기가 쏟아져 내리는 거대한 폭포들을 보며, 내가 알던 세상은 정말 좁았다는 것을 알았다. 하지만 그런 세상을 경험하고 나서 다시 돌아온 한국에서 지금의 내가 느끼는 것은 내 안에 어마어마한 우주가 존재한다는 것이다. 매일 바깥에서 경험하기 위해 헤맸던 나에게, 내 안의 나를 바깥으로 꺼내는 일은 정말 생소했다. 그동안은 쑥스럽기도 하고, 뭔가 너무 표현하는 것 같아서 말하고 글로 쓰는 일이 다른 사람들에게 어떻게 보일까 하고 신경도 쓰였다.

인풋이 아닌 아웃풋에 집중해야 할 시기다

인풋이 아닌 아웃풋을 하라. 그동안 공교육을 받고 사회생활을 하는 동안 나는 계속 무엇인가를 채워 넣어야지만 결과를 만들어낼 수 있을 것으로 생각했다. 하지만 이미 충분히 나는 배웠고, 경험했고, 나눌 수 있는 것들을 가지고 있었다. 아웃풋에 집중하는 순간 모든 것이 변했다. 내가 가지고 있는 투자, 저축, 사회생활, 독서, 창업에 대한 경험에 대해 궁금해하는 사람들이 많다는 것을 알았다. 그래서 나는 매일매일 기록을 남기기로 했다. 내가 어떻게 살아가고 있는지, 어떤 생각을 하는지를 나누기로 했다. 유튜브를 찍으며, 블로그에 글을 올리고, 사람들과 소통하며 매일 성장하기로 한 것이다. 우리가 매일을 기록으로 남겨야 하는 이유는 세상에는 수많은 존재가 태어나고 사라지는 것처럼 보이지만, 우리는 매일 성장하는 존재로 영원히 존재한다.

우리가 기록을 남기고 글을 남기면, 우리의 글을 보는 누군가는 직접적으로 경험하지 않아도 아이디어를 보고 배우게 된다. 그렇게 되면 시행착오를 줄여 더 많은 것을 이룰 수 있다. 하지만 아무도 기록하지 않고, 배움을 나누어 주지 않으면 계속해서 같은 실수를 반복하게 되고 스스로 깨닫기까지 절대적인 시간이 걸리게 된다. 나는 처음부터 많은 사람이 이미 존재하는 경험과 지혜를 알면 알수록 우리의 앞으로는 더 나은 미래가 펼쳐진다는 확신이 있다.

아끼는 것이 아니라 더 많은 것을 창조하기로 마음먹은 순간, 나는 소비자에서 창조자가 되었다. 우리가 가진 능력과 누릴 수 있는 자원은 무한하다. 하늘을 나는 새도 겨울이 되면 자원이 있는 곳으로 날아가 먹이를 구한다. 그렇게 세상은 새도 살아갈 수 있는 넉넉한 자원이 있다. 우리가 서로 경쟁하는 것이 아니라 창조하기로 마음을 먹으면, 가진 것을 나누고 펼치며 더 나은 것을 경험할 수 있다.

재테크는 기술이 아니라
습관이다

가장 나다운 방법으로 돈을 불려야 한다

처음 주식 투자를 시작했을 때 빠르게 돈을 벌 수 있는 기술을 찾아 헤맸다. 가치 투자와 차트를 공부하면 아무도 모르는 종목을 미리 찾아내 급등할 때 팔 수 있을 것으로 생각했다. 가치 투자를 하며 종목을 고르고 나서 꾸준히 매수하려고 하면, 사면 살수록 내려가는 주가에 확신할 수가 없었다. 단타를 할 때는 어떤 종목인지도 모르고 차트만 보고 매수하면, 급변하는 차트에 따라 불안해 급락이 오면 바로 매도할 수밖에 없었다. 오르면 사고 떨어지면 파는 비이성적인 투자를 나도 모르게 하고 있었다.

투자를 시작하고 나서 1년 후 매매 복기를 해보았다. 노트 하나에 그동안 내가 샀던 종목을 적고, 언제 사고 언제 팔았는지를 적었다. 그리고 수익과 손실을 적고, 그때 내가 왜 샀고 왜 팔았는지를 적어 보았다. 그러고 나서 수익이 나는 종목에는 ○ 표시를 하고, 손실이 난 종목에는 ✕ 표시를 했다. 내가 했던 투자 중에서 수익을 안겨준 것은 시장 지수 ETF와 금 ETF, 원유 ETF였다. 가끔 개별 주와 선물도 있었지만, 결론적으로 개별 주와 선물은 손해가 더 커서 ✕ 표시를 했다.

결국 나에게 남은 것은 ETF였고, 매번 투자하고 수익률을 보았을 때 가장 안정적인 투자를 하게 되었다. 계속해서 종목만 찾아 헤매던 시간을 정리하고, ETF에 집중하기로 했다. 여러 자산군을 대표하는 ETF로 순환매매를 하면서 나는 나만의 투자법을 '순환매매법'이라고 정해두었다. 사람들이 불안해할 때 사고, 욕심을 부리면 팔고 나왔다. 그렇게 여러 자산군을 굴리다 보니 안전하게 나의 돈이 불어났다. 직장을 다니면서 오전에 5분 정도 뉴스를 보고, 해외 주식이 열리는 밤 시간대에 30분에서 1시간 정도면 충분히 할 수 있는 투자법이다.

하지만 이런 기술적인 이야기를 하기 이전에 꼭 말하고 싶은 부분이 있다. 내가 돈을 모으고 불리는 데 있어 투자 책도 도움이 되었지만, 가장 큰 도움이 된 것은 의식 책이라는 점이다. 사람들이 많이 아는 《시크릿》 계열의 도서와 자기계발 도서, 역경을 이겨낸 위인들의 자서전이 가장 큰 도움이 되었다. 그들은 모두 하나같이 자신이 처한 상황에서 느꼈던 감정을 고스란히 책에 담았고, 이겨내고 나서 어떻게 하면 더 쉽게 그런 위기를 극복할 수 있는지를 적었다.

누구에게나 완벽하게 맞는 기술은 없다

재테크를 할 때 많은 사람이 기술에 집착하게 된다. 나 또한 그랬다. 하지만 어떤 자산이든지 사이클과 파동이 있고, 내가 그런 파동을 감당할 수 있는 사람이 되면 사실 종목이나 기술은 중요하지 않다. 투자에는 정답은 없고 해답만 존재하기에 스스로 어떤 성향인지를 파악해 자신에게 맞는 방법을 고수하며 가는 수밖에 없다. 그런데도 투자할 때 비밀 병법서처럼 이것만 알면 되고, 저것만 알면 되고 하는 마법 같은 기술들이 더 눈에 들어오게 된다. 차트 강의, 재무제표 강의를 모두 들어 보아도 좋다. 그리고 실제로 적용해 투자해보면 자신에게 맞는 것들을 추려 갈 수 있을 것이다. 다만 너무 큰 비용을 치르지는 않기를 바란다.

가끔 전세자금을 빼서 무리하게 투자했다고 이야기하는 투자자들을 보면, 마음이 아프다. 이미 비용으로 치른 돈은 다시 벌어들이기까지 더 많은 시간이 필요할 것이다. 그리고 더 힘든 것은 스스로 잘못된 투자를 했다는 생각에 투자를 아예 도외시하기 때문이다. 재테크는 습관이다. 매일 숨 쉬듯이 아무렇지 않게 되는 순간이 오기까지 처음에 익숙하지 않다면, 익숙해지는 데 시간이 필요하다. 그런데 너무 뜨겁거나 차가운 온도를 만나면 지레 겁을 먹게 된다.

선물옵션 시장에서 겪은 경험을 나는 매번 투자자들에게 이야기한다. 왜냐하면 내가 가장 큰 환상을 가졌던 시장이기 때문이다. 나는 완벽한 기술을 익히면 선물이나 옵션 시장에서 시장이 떨어지든, 오르든 무조건 이길 수 있을 것으로 생각했다. 하지만 내게 부족했던 것은 거대한 자본금을 이길 자본이 없다는 절대적인 현실을 아는 것이었다. 아무리 그동안 해왔던 경험이 맞는다고 해도 선물, 옵션과 같은 파생상품 시장은 거대자본이 원하는 방향으로 갑자기 크게 움직이는 변동성이 생길 때가 있다. 그럴 때 빠르게 대응하지 못하면 그동안 번 수익과 원금까지 모두 한 번에 사라질 수 있다. 그래서 나는 마음이 안정되고, 고요한 투자를 하기 위해서는 선물 투자자가 아닌 지수 투자자가 나에게 맞는다는 결론을 내렸다.

매달 핸드폰 비용이 나가는 것과 국민연금, 건강보험이 빠져나가는 것을 보면서 '이게 왜 빠져나가지?' 하며 계속 쳐다보는 직장인이 별로 없을 것이다. 그것처럼 투자나 저축으로 돈이 재테크 계좌로 가도 당연하게 생각해야 한다. 그렇게 만들기 위해서는 내가 먼저 연금처럼 강제적으로 돈이 빠져나가도록 만드는 것도 방법이다. 정해진 금액이 어렵다면 자유저축으로라도 월급이 들어오면, 먼저 재테크 자금을 빼두는 것이 방법이다.

나는 자유적금을 통해 돈을 모으면서 투자를 병행했다. 직장에 다니면서 돈이 더 들어오는 날이면 더 많은 자금을 굴릴 수 있어 행복했다. 그래서 계속 흥미를 두고 돈을 모아갈 수 있었다.

지금의 상황이 마음에 들지 않으면 환경을 바꿔라

물은 기체가 되기도 하고, 액체가 되기도 하며, 고체가 되기도 한다. 나는 습관도 물과 같다고 생각한다. 영하의 환경에서 네모난 틀에 네모난 얼음은 당연하다는 듯이 굳어진다. 그러다 따뜻한 곳으로 옮겨지면 액체가 되고, 더 뜨겁게 끓어오르는 냄비에 들어가면 기체화 되어버린다. 사람들은 자신이 처한 환경은 바꾸지 않으면서 습관부터 바꾸려 하므로 다시 예전의 자신으로 돌아가버린다.

재테크가 습관이 되려면 환경부터 바꿔야 한다. 내 주변에는 투자나 저축, 돈에 관해 이야기하는 사람이 없다면, 그런 사람들이 모이는 곳으로 가야 한다. 재테크 강의를 듣거나, 스터디를 하는 곳에 가서 함께할 수도 있다. 처음에는 그런 커뮤니티를 활용하는 것이 습관을 다지는 데 도움이 된다. 나 또한 투자에 대해 끊임없이 이야기할 수 있는 주변인들이 있었다. 그렇게 매일 서로 공부하고, 투자 정보를 나누면서 성장했다. 더 이상 나아갈 수가 없고, 배움이 지속되지 않을 때 더 많은 경험을 가진 사람들의 투자 철학이 담긴 책을 보고, 강의를 시간이 날 때마다 들으면서 직접 투자에 적용해보았다. 그렇게 스스로 깨달은 점들을 다듬어 가면서 나의 재테크 습관이 다져졌다.

많은 재테크 초보분들과 만나면서 배우는 점이 많다. 지금까지는 당연하다는 생각을 가졌지만, 말로 설명하면 어려운 간단한 원리들을 스스로 더 깊게 이해하게 해주기 때문이다.

워런 버핏(Warren Buffett)은 하루 종일 책을 보거나, 글을 읽는다고 한다. 우리가 굳어져 있는 패턴을 눈치채기 위해서는 내가 생각하던 방식이 아닌 새로운 방식을 보기도 해야 하는데, 가장 좋은 방법이 글을 보는 것이다. 공기 중에 떠다니는 아이디어를 잡아내기 위해서는 그동안 생각해보지 못한 방향이 필요하다. 그런데 매일 만나는 사람, 매일 접하던 것만 하게 되면 방향을 바꾸기가 어려워진다. 그렇게 굳어진 습관은 정말 바꾸기 어려워진다.

만약 돈과는 담을 쌓은 사람이라면, 처음에는 돈에 관한 쉬운 글이나 흥미로운 글부터 보면 좋다. 내가 흥미를 두는 주제, 스포츠 또는 게임, 아니면 내 업무와 관련된 주제들 모두 돈과 연관된 스토리가 있다. 돈은 어디에든 존재하며, 어떠한 것과도 연결이 되어 있기 때문이다. 그렇게 하나씩 관심을 늘려가다 보면, 어느새인가 돈, 금융, 경제가 친숙해진다. 매일 아무렇지 않게 보는 것들을 우리는 쉽다고 느끼게 된다. 그래서 돈을 아무렇지 않게 친숙하게 대하게 되면, 재테크가 기술이 아니라 습관이 되어 있는 자신을 발견할 수 있다.

끊임없이 부에 대해
생각하고 말하라

긍정적인 생각과 부에 대한 생각은 의식적으로 해야 한다

부정과 긍정 중에 쉽게 나를 차지할 수 있는 것은 부정적인 생각이다. 우리는 의식적으로 감사한 일에 대해 생각하거나 긍정적인 일을 떠올리지 않으면 쉽게 두려움이나 불안에 사로잡히게 된다. 모 아니면 도라는 말처럼 내가 긍정적인 생각을 하지 않고 있다면 사실 그것은 부정의 상태에 둘러싸여 있다고 보면 된다.

실제로 내가 만난 자수성가한 부자들은 모두 끊임없이 부에 대해 생각하며, 말하고 있었다. 이미 많은 자산을 가지고 있음에도 끊임없이 사업이 더 잘되는 방법을 생각하고, 돈에 관해 이야기하는 모습을 보며 마그마처럼 끓어오르는 그 열정은 어디에서 나오는지 궁금했다.

체력도 대단해서 하루에 4, 5시간을 자도 끄떡없는 모습을 보일 때가 많았다. 하루 종일 함께 지내면서 알게 된 사실은 몰입하고 집중해서 결과를 내고, 쉴 때는 확실하게 쉬어 주면서 자신을 정말 소중하게 대하는 자세가 정말 부자들의 습관임을 알게 되었다.

가난은 질병이다. 《아무도 가르쳐주지 않는 부의 비밀》이라는 책에서 나오는 말이다. 처음 내가 부를 공부할 때 감명받은 책이다. 정말 아무도 가르쳐 주지 않는 부와 가난에 대해 명확하고 쉽게 설명해주는 책이다. 우리는 가난이 재난인 것처럼 말하지만, 사실은 질병에 가깝다. 병은 고치고자 노력하면 치료할 수 있다. 하지만 좀 더 가벼운 병일 때 고치는 것이 더 쉽다. 가난한 패턴에 물든 시간이 오래되고 깊을수록 고치기도 힘들어진다.

그런데 왜 부자인 사람들은 소수이고, 가난한 사람들은 세상에 이렇게 많은 것인지 우리 주변을 한번 돌아보자. 내 주변에 많은 사람이 고군분투하며 살아가고 있다. 지금도 원고를 쓰고 있는 이 카페에 앉아 둘러보면, 많은 사람이 영어 공부, 취업 공부를 하며 치열하게 공부하고 있다. 그런데도 불확실함 때문에 그들의 표정은 좋지 않다. 내가 취업 준비를 느낀 압박 또한 굉장했기 때문에 나는 그 기분을 이해할 수 있다. 오죽했으면 갑자기 이유 모를 관절염에 1년 반을 고생했을까.

내가 대학교에 다닐 때 유행했던 말이 있다. 사람은 우주에서 먼지와 같다. 압박감을 글로 표현해 우주에 먼지가 되어 사라지고 싶다는 말도 함께 유행했다. 수많은 취업 준비생들과 고시생, 수험생들이 겪는 압박감을 표현한 것이다. 쉽게 우리는 문제에 사로잡히고, 불안이

엄습한 경쟁 환경 속에서 자신을 가두고 만다. 의식적으로 나에게 힘이 되는 말, 긍정적인 상황을 바라보려 노력하지 않으면 부정은 나를 가두고 만다.

잠시 생각해보면 우리가 쉽게 하는 말 중에 '○○○ 죽겠다'라는 말이 있다. "더워 죽겠다. 힘들어 죽겠다" 이런 말들은 노력하지 않아도 입에서 튀어나온다. 그런데 "깨끗한 물을 마실 수 있어 감사하다. 숨 쉴 수 있는 공기가 있음에 감사하다"라는 말이나 생각은 잘 하지 않는다. 우리 주위에 무한하게 있는 감사의 원천들을 우리는 아무렇지 않게 누리지만, 생각이나 말로 표현하지 않는다.

멀리 가려면 함께 가야 한다

나는 네이버 카페 '한국금융투자코칭협회(이하 한투협)'를 운영하면서 그곳에 가입한 회원들에게 아침에는 성공 확언을 하고, 잠들기 전에는 감사일기를 쓸 것을 권하고 있다. 그 이유는 내가 그 활동을 하면서 수많은 난관을 헤쳐 왔기 때문이다. 아침에 일어나 내가 원하는 모습을 생생하게 상상하면서, 성공 확언을 한다. 나의 성공 확언 10개를 소개하자면 이렇다.

1. 나는 매일 급속도로 성장한다.
2. 나는 부와 풍요를 누릴 권리가 있다.
3. 나는 우주의 중심이자 세상의 주인공이다.

4. 나는 동기 부여가로, 많은 사람에게 용기를 주는 사람이다.

5. 나는 꿈과 목표를 매일 이룬다.

6. 나는 세계 여행가로, 나의 주변 사람들은 모두 행복하다.

7. 나는 사랑, 기쁨, 긍정 그 자체다.

8. 나는 지수 투자 전문가, 베스트셀러 작가로 사람들을 돕는다.

9. 나는 언제나 나의 근원이 함께하며, 나를 돕는다는 것을 알고 있다.

10. 나는 세상의 빛이자 영이다.

그리고 감사일기를 쓰며 하루를 마무리한다. 하루 동안 있었던 일 중 바로 떠오르는 것들을 적어 보는 것이다. 하루를 지내면서는 아무렇지 않게 생각했지만, 글로 쓰고 나면, 가슴이 벅차오른다. 하루 동안 있었던 일들에 감사하고, 앞으로 또 펼쳐질 일들을 기대하게 된다. 밤에 잠드는 순간에도 나는 잠든 나의 의식에게 말한다. 내가 세계 최고의 지수 투자 전문가가 되어서 많은 사람을 도우려면 지금 당장 어떤 일을 하는 것이 가장 좋을 것 같은지, 어떤 사람으로 살아가고 싶은지, 내 주변의 사람들은 어떤 표정을 하고 있으면 좋은지를 떠올리며 잠이 든다.

의식적으로 생각하지 않으면, 다른 사람들의 의식이나 부정적인 요소들이 몰려오기 때문에 예민하게 깨어 있을 수가 없다. 깨어 있는 사람들은 어떤 상황이 벌어져도 자신의 중심을 똑바로 잡고 간다. 자신의 중심축을 기준으로 회전하는 팽이처럼 똑바로 서서 중심을 잡고 간다. 그렇게 하지 않으면 자신도 모르는 사이 계속 휘둘리게 된다는 것을 알기 때문이다.

돈 버는 파이프라인은
많으면 많을수록 좋다

파이프라인을 하나가 아닌
여러 개를 만들겠다고 결심하라

　매달 나에게 돈이 들어오는 수단이 많다면, 어떤 위기에도 안정감
을 가지고 생활할 수 있다. 직장에 다니면서 나오는 월급은 강력하고
튼튼한 파이프라인이다. 직장에 다니면서, 파이프라인을 더 강하게, 더
크게 키우는 일은 가능하다. 승급하거나, 연봉을 더 올려 받을 수 있도
록 발전하면 된다. 하지만 대부분 직장에서는 정해진 월급이 급격하게
올라가는 경우가 드물다. 파이프라인 자체가 하나이면, 예상치 못한
순간에 막히는 순간이 오거나 아예 부서져버리면 위기를 겪게 된다.
　사업을 하는 사람들이나, 엔터테인먼트에서 일하고 있는 배우들도 마찬가지다. 우리가 잘 알고 있는 할리우드 배우 조니 뎁(Johnny Depp)은 어마어마한 출연료를 받았음에도 불구하고 파산했다. 파산한 이후 그의 삶은 빠르게 망가졌다. 그러니 돈을 벌어들이는 순간에 어느 정도의 돈을 버느냐만큼, 돈을 지킬 수 있는 능력도 중요하다. 사업이 잘되거나, 몸값이 높을 때 당장은 문제가 없어 보인다. 하지만 시대가 달라지거나 유행, 국제 정세, 질병, 외부적인 환경에 의해서 언제든지 상황이 달라질 수 있다. 그럴 때 파이프라인이 아무리 크고 단단해도 하나라면, 위기는 언제든지 올 수 있다.

나는 재테크를 하는 것과 동시에 여행하며 돈을 버는 파이프라인 수단을 가지고 있다. 누구나 꿈꾸는 삶을 살 수 있었던 가장 큰 관점의 전환이 '파이프라인 10개를 만들겠다'라는 결심을 한 뒤부터였다. 여행이 소비가 아닌, 소득이 된다는 사실을 많은 사람이 아직 모르고 있다. 부자들이 계속 부자가 되는 이유 중의 하나가 세상을 바꿀 정보에 가장 빠르게 접근하기 때문이다.

《파이프라인 우화》라는 책을 보면 청년 A와 B가 나온다. A와 B는 같은 마을에 살고 있다. 이 마을은 항상 물을 길어와야 해서 많은 청년이 물을 길어와 파는 일을 하고 있었다. 그런데 A는 물을 길어와 하루 일당을 벌기보다는 파이프라인을 만들어, 물이 마을로 흘러올 수 있도록 하기로 마음을 먹는다. 옆에 있던 B는 A가 매일 돈도 벌지 않고, 파이프라인을 만들겠다며 고생하는 것을 보고 말한다.

"너도 그냥 나처럼 물을 길어와서 이렇게 맛있는 음식도 먹고, 시원하게 맥주도 한잔해. 뭐 하러 그 고생을 하는 거야?"

하지만 A는 B의 그런 말에도 굴하지 않고, 매일매일 파이프라인을 만드는 노력을 한다. 마을 사람들은 점점 더 몰골이 안 좋아지는 A를 보며 이해하지 못했지만, A는 마침내 파이프라인을 만들어냈다. 그리고 파이프라인에서 나오는 물을 보며 마을 사람들은 환호한다. 그에게 물을 더 저렴하게 살 수 있어, 많은 사람이 A의 파이프라인에서 나오는 물을 사서 더 여유로운 생활이 가능해졌다. 그리고 이 마을에 파이프라인을 본 다른 마을 사람들이 A에게 파이프라인 건설을 부탁했다. 그렇게 A는 이웃 마을의 파이프라인 건설에서도 큰돈을 벌어들이며, 한동안 고생했던 모든 노력의 결과로 더 풍족하게 누릴 수 있게 되었다.

시스템을 만드는 일에 집중할 시기

우리는 파이프라인을 건설하는 일을 매일 하고 있어야 한다. 이미 가지고 있는 파이프라인이 있다면, 다른 파이프라인을 건설할 수 있는 방법은 없을지 기회를 항상 보고, 건설하고 있어야 한다. 어떤 파이프라인이 되었든, 내 눈에 들어왔고, 해볼 만하다고 생각했다면 바로 실행해야 한다. 세상에는 수많은 파이프라인이 있다. 지금은 노동으로만 돈을 버는 것이 아니라, 시스템을 만든 사람들이 돈을 버는 시대다.

전기를 만드는 자전거가 있다. 미친 듯이 자전거 바퀴를 굴려야 약간의 전기가 발생한다. 자전거를 가진 사람은 매일 아침부터 밤까지 전기를 만들기 위해 일해야 한다. 그런데 발전기를 가진 사람은 발전기를 켜두고 다른 일을 하러 간다. 이 차이를 이해하는 것은 쉽다. 실행으로 옮기려면 매일 꾸준히 어떻게 하면 내 발전기를 만들 수 있을지, 안테나를 켜고 있어야 한다. 누구나 눈에 들어오는 것이 하나쯤은 있을 것이다. 관심이 가는 일을 먼저 시작하면 된다.

이도 저도 떠오르지 않는 사람들은 다시 《파이프라인 우화》를 생각해보라. 청년 A가 한 것은 마을 사람들의 '문제 해결'에 초점을 둔 일이었다. 어떤 일이든 사람들이 겪는 문제 해결은 사업 아이디어의 기초다. 내가 지금 겪고 있는 일상생활에서의 불편함을 해결한 경험을 잘 생각해보아야 한다. 이렇게 생각만 하는 것은 스쳐 지나가는 아이디어에 불과하다. 그러니 반드시 눈에 보이는 문장으로 적어두는 것이 좋다. 가장 좋은 방법은 소셜미디어, 온라인 창구를 활용하는 것이다.

네이버 또는 유튜브에 검색해 문제를 해결하고자 하는 사람들이 가장 신뢰하는 정보가 무엇일지 생각해보라. 내가 그러하듯 나와 같은 문제를 겪은 사람들은 어떻게 해결했는지를 찾아보고 그대로 따라 한다. 그러니 내가 해결했던 문제들을 블로그에 바로 적어 보거나, 유튜브로 촬영해서 올려 보기를 권한다. 오늘도 나는 흰옷에 묻은 얼룩이 잘 지워지지 않아 네이버 블로그를 검색해보았다. 많은 주부분들이 올려 준 글을 보고 제품을 하나 구매했다. 그리고 실제로 그 제품을 통해 얼룩이 깨끗이 지워졌고, 굉장히 만족했다. 이렇듯 검색 후 문제 해결을 한 사람들의 글을 보고 제품 구매까지 이어지는 것이 너무나도 당연한 시대에 살고 있다. 그런데 내가 사용하는 제품들을 따라 사는 사람들이 많아지면 어떻게 될까. 영향력이 커지고, 이러한 영향력을 원하는 수많은 기업이 당신의 블로그에 글을 부탁하기 위해 기꺼이 비용을 낼 것이다.

"저는 아무것도 내세울 것이 없어서 글을 쓸 수가 없어요. 저는 글을 못 쓰는걸요"라고 말하는 사람들은 처음부터 모든 것을 완벽하게 하려는 욕심부터 버려야 한다. 누구나 처음이 있고, 누구나 어설프게 시작한다. 하지만 반복해 실행하면서 점점 더 나아진다. 한 걸음도 계단을 향해 발을 옮기지 않은 사람보다 느리더라도 계속 발걸음을 뗀 사람은 어느새 저 높이에 올라가 있다.

시작했다면 이미 반은 성공이다

시작이 절반의 성공이다. 나는 이 말을 정말 좋아한다. 그런데 나는 시작과 동시에 목표를 세우고, 이미 이루어진 모습을 상상하는 것만으로도 절반의 성공이라고 여긴다. 왜냐하면 내가 정말 그 일을 하고 싶은 생각이 들면, 행동은 자연스럽게 나오기 때문이다. 바로 행동하지 못하는 이유는 감정이 행복하지 않아서, 목표를 이루었을 때 어떤 느낌일지 실제로 느껴지지 않아서일 때가 많다.

주식 투자를 시작했을 때 방법은 몰랐지만, 나는 주식으로 매달 월급처럼 수익을 내는 상상을 했다. 그리고 그렇게 투자를 안정적으로 잘

하고 있는 나의 모습을 상상하며, 원치 않는 결과가 나와도 실망하지 않고 계속해나갔다. 누구나 감정에 따라 충동적으로 매매할 때가 있다. 하지만 선택하면 주식은 결과가 숫자로 명백하게 나왔다. 내 수익률이 어떠했는지, 매일 나의 선택에 대해서 결과가 어떻게 움직이는지가 보인다. 그래서 나는 더 빠르게 오류를 정정하고, 실행할 수 있었다.

확신의 힘은 크다. 실제로 내가 상상했던 대로 원하는 투자 방법을 찾았다. 그리고 나는 지금 이 '순환매매' 투자법을 사람들에게 알려주는 투자 멘토의 역할을 하고 있다. 나의 꿈인 세계 최고 ETF 1위 교육가로의 꿈이 현실이 되고 있다. 나는 매일 상상한다. 전 세계에서 돈을 불리고자 하는 많은 사람에게 꿈과 희망이 되는 진짜 재테크를 알려주는 나의 모습을 말이다. 선한 영향력을 미치며 존경받는 부자로 사는 모습이 진짜 나의 모습이다. 나는 언제나 매일 성장하고 확장하며 오늘 나에게 주어진 순간들에 최선을 다하는 삶을 살고 있다.

내가 옳다고 생각하는 방향이 정해지면, 처음에는 질보다는 양이 중요하다. 양으로 먼저 속도를 내서 채워 놓으면, 그 이후에 질을 올리는 것은 쉽다. 하지만 양도 채워지지 않은 상태에서 질을 올리기를 욕심내면 시작조차 두려워진다. 시작하지 못하면 아무런 변화가 없다. 그러니 당장 떠오르는 모든 파이프라인의 수단을 적어 보자. 그리고 당장 내가 할 수 있는 일을 해나가는 것이다. 오늘도 급격히 성장하는 하루를 응원한다.

종잣돈 1억 원을 위해
소득은 늘리고 소비는 통제하라

배고픔에는 진짜 배고픔이 있고, 가짜 배고픔이 있다고 한다. 우리는 밥을 먹고 나서 얼마 지나지 않아 먹방 프로를 보며 배고픔을 느낀다. 저 음식을 나도 먹고 싶다는 뇌의 신호다. 그런데 이미 나의 배는 차 있다. 그렇다면 심리적인 요소로 인해 배고프다고 생각하게 되는 경우는 가짜 배고픔이다.

소비할 때 정말로 필요한 것은 사야 한다. 그리고 그 물건을 가져야만 하는 욕망을 채워주는 것도 사야 한다. 그렇다면 욕망과 관련된 소비는 무엇을 통해 통제할 수 있을까? 내가 가장 중요하게 생각하는 것은 소비한 후에 정말로 그 물건을 가져서 행복한지에 대한 감정이다.

내가 그 물건을 통해 얻는 효용, 만족감이 정말로 나를 기쁘게 하는지가 중요하다. 다른 누군가가 아닌 바로 내 감정이 판단의 기준이다.

나는 핸드폰을 들고 다니며 글을 써야 할 때가 많다. 그렇다 보니 계속 터치를 하며 치는 것보다는 잠시라도 앉아서 블루투스 키보드를 가지고 타이핑을 할 때 내가 하고자 하는 말을 더 빠르게 글로 남길 수 있다. 아니면 다른 누군가에게 잊지 않고 반드시 카톡 메시지를 남겨야 할 때 나는 음성인식을 활용한다. 이처럼 어떤 방식이든지 나의 업무에 효율성을 올려주는 물건은 돈을 들여 살 만한 가치가 있다.

소비를 내 통제 안에 둔다는 의미는 무조건적인 절약이 아니다. 나는 맛있는 음식을 먹는 것을 정말 좋아한다. 머리에 떠오른 음식이나, 주변에 맛집을 발견하면 반드시 그 음식을 먹고 싶다고 생각한다. 그런데 아무 때나 먹는 것이 아니라, 보상의 형태로 먹으면 우리는 좀 더 효율성을 올릴 수 있다. 점심시간이 오기 전 해야 할 일이 있다면, 그 일을 제대로 해내고 나면 저 음식을 먹을 수 있는 것으로 생각한다. 돈이 얼마나 들든, 내가 제대로 성과를 냈기 때문에 그 음식을 먹을 수 있다는 보상 심리를 이용한다.

실제로 업무 성과가 돈으로 바로 연관 지어지는 영업을 할 때 이런 보상 심리를 이용하면 더 열정을 끌어올릴 수 있다. 영업이라는 일 자체가 열정이 성패를 가르는 경우가 많기 때문이다. 결국 모든 소비 또한 나의 소득을 늘리는 것에 집중되어 있어야 한다. 우선순위가 소비를 줄이는 데 있는 것이 아닌, 나의 소득을 늘리는 것에 두면 많은 문제가 해결된다. 이 차이를 아는 것이 정말 중요하다. 그렇다면 소득을 늘리기 위한 첫 번째 단계가 무엇일까?

열정에 관해 말한 책 중 가장 내게 충격을 준 책이 있다.《지중해 부자》라는 책이다. 주식과 관련된 책일 것으로 생각하고 보았던 책인데, 그 책으로 인해 나는 또 한 번 터닝 포인트를 경험했다.《지중해 부자》에 나오는 부자는 "부자가 되려면 어떻게 해야 하냐?"라고 묻는 주인공에게 가장 먼저 이런 조언을 한다. "바로 체력부터 키우라"는 것이다. 체력이 있어야 열정이 나오고, 부자는 열정을 통해 된다고 했다. 그렇다. 우리가 정말로 중요하게 생각해야 하는 게 바로 이 열정의 근원인 체력이다. 하루 종일 일하고, 운동하며, 업무를 계속하는 데도 지치지 않는 사람들을 본 적 있는가. 그들의 체력은 정말 대단하다. 어떻게 저렇게 용광로 같은 열정을 불태울 수 있는지 보면, 체력을 위한 운동을 습관처럼 하는 모습을 흔하게 볼 수 있다.

부자가 되는 기초는 체력이다

열정은 체력에서 나온다. 나는《지중해 부자》에서 나온 그 말을 그대로 믿었다. 일주일에 두세 번, 30분 정도의 운동을 하는 것을 목표로 했다. 매일 하는 것은 어렵지만 일주일에 두세 번은 충분히 지킬 수 있다. 내가 달성할 수 있는 목표를 꾸준히 하는 것이 중요하다. 먹는 것도 매번 좋은 음식을 챙겨 먹을 수 없으니, 건강식품과 영양제는 매일 챙겨 먹는다. 내가 이렇게 나의 건강과 체력을 신경 쓰는 이유는, 나의 몸이 자동차와 같다고 생각하기 때문이다. 내 영혼이 타고 다니는 자동차인 나의 신체를 잘 다루어 주지 않으면 망가질 수도 있기 때문이다. 충분히 연료를 주어야 차도 달릴 수 있다. 그러니 우리도 '열정'이라는 연료를 채워주기 위해 체력을 신경 써야 한다.

체력과 열정은 하나다. 강인한 정신력은 강인한 체력에서 나온다. 그러니 우리가 소득을 늘리려고 한다면, 지중해 부자의 말을 새겨들을 필요가 있다. 야근하고 들어와 밤에 쓰러져 녹초가 된다면, 소득을 늘릴 준비가 전혀 되지 않은 상태라는 것이다. 소득을 늘릴 준비의 첫 단계가 되었다면, 다음 단계를 향해 갈 수 있다. 나는 퇴근하고 난 후 항상 새벽 2시까지 투자하며 검증하는 시간을 가졌다. 자본 시장에서 돈을 지키면서 불릴 방법이 있다고 생각했다. 그래서 그 방법을 찾기까지 수많은 시행착오를 겪었지만, 결국 나는 해냈다. 이후에 직장에 다니면서 책을 쓸 때도 야근을 하고 집에 들어와 씻고 나면 밤 12시가 되었다. 그래서 매일 밤 새벽 2시까지 책을 쓰고 잠을 자는 것을 목표로 했다. 그렇게 직장에 다니면서도 첫 번째 책, 《주식 투자 이렇게 쉬웠어?》를 쓸 수 있었다. 이것도 체력이 받쳐주지 못했다면 불가능했을 일이다.

소득을 늘리는 것은 그만큼 효율적으로 더 많은 일을 해결해내는 능력이다. 수많은 기업가 덕분에 우리는 많은 문제를 해결했다. 서로 연락을 주고받기 힘들었던 시대에서 지금은 언제 어디서든 연락하며 지낼 수 있다. 손 빨래해야 했던 사람들이 누구나 세탁기라는 기계를 집에 두고 손쉽게 빨래한다. 한평생 같은 지역에서만 지내야만 했던 사람들이 더 빠르게 이동하는 교통수단을 통해 공간이동 수준으로 다른 곳을 갈 수가 있게 되었다. 더 많은 사람의 문제를 해결해줄수록 더 많은 부가 따라온다. 그런데 이 모든 일들이 이루어지기 이전에 누군가의 머릿속에서 생각했던 일이 현실이 된 것이 먼저였다는 것을 알면, 우리는 지금 누리고 있는 모든 기술과 혁신이 우리로부터 시작될 수 있다는 것을 알게 된다. 생각이 현실이 되기 위한 과정에서 나의 몸을 써야 하는데, 아무런 체력이 남아 있지 않다면 시작조차 난관이다. 그러니 우선 자신의 체력을 키우는 데 시간을 확보해야 한다.

옳고 그름은 누가 판단하는가

우리가 사는 세상에는 옳고 그른 것을 나누는 기준이 있다. 많은 사람의 동의하에 법과 규칙을 만들어 살아가고 있다. 그런데 잘 생각해보면, 이 기준은 언제까지나 맞는다고 볼 수는 없다. 우리는 횡단보도에서 파란불에 건너고, 빨간불에는 멈추어 서자는 교통 법규를 정해두었다. 그리고 수많은 사람이 사는 곳에서 혼란을 일으키지 않고 살아가게 되었다. 그런데 어떤 아이가 공이 굴러가는 것을 잡기 위해 빨간불에 도로로 나왔고, 이를 본 사람이 아이를 구하기 위해 빨간불에 뛰어들어 재빠르게 길을 건너게 했다고 하자. 그러면 이 장면을 본 사람들은 그 사람이 옳지 못한 일을 했다고 비난하지 않는다. 물론 처음부터 아이가 위험하게 길을 건넌 것이 잘못이라고 할 수도 있다. 하지만 그런 일이 벌어지면 대부분 사람은 아이를 구한 사람을 의인이라고 한다. 그렇다면 교통 법규는 어겼지만, 이 사람은 옳은 일을 한 것이 된다.

소비할 때도 우리는 같은 상황을 경험할 수 있다. 우리는 보통 어떤 것이 나쁜 소비인지, 어떤 것이 좋은 소비인지를 스스로의 통제하에 두는 것을 중요하게 생각한다. 대부분의 소비를 자신의 통제하에 두고 하지만, 가끔 헛헛함을 달래기 위해 하는 소비나, 괜히 샀다고 생각하게 될 때가 있는데, 이는 우리가 생각하는 통제를 벗어났을 때가 대부분이다. 하지만 이러한 하나하나의 상황에서 소비를 계속 후회하고, 다시는 그렇게 하지 말자고 생각하는 것은 의미가 없다. 우리가 했던 모든 선택에는 이유가 있다. 그러니 스스로가 행한 행위가 옳으냐 그르냐 따지기보다는, 내가 하는 대부분의 소비는 내 통제하에 있다고 생각하자. 그리고 가끔 일어나는 통제에서 벗어나는 소비에 대해, 다음에 비슷한 상황에서는 어떤 선택을 할지를 미리 생각해보면 된다. 인생을 후회로 물들이기에는 내 삶이 너무나 귀하다.

소득은 플러스, 소비를 마이너스로 보면, 우리는 항상 플러스에 집중하는 삶을 살아야 한다. 그래야 더 많은 플러스가 인생에 끌려오기 때문이다. 소득에 집중하고, 소비는 나의 통제하에 있다고 생각하자. 그리고 예외적인 상황이 발생하면 의도적으로 그 상황을 벗어나기 위해 생각을 다르게 해보는 것이다. 그런 연습을 하다 보면 어느새 나의 삶에는 긍정적인 요소들로 가득해진다. 가끔 일어나는 부정적인 상황은 나에게 그저 예외적으로 일어난 일일 뿐이므로 나의 삶을 방해할 수 없다.

3장

최단기간에 1억 원을
모은 사람들의 공식 9가지

공식 1
돈 벌 기회는 일상에 있다

모든 사람은 특별하다
나의 일상은 다른 누군가의 꿈이다

평범함을 특별함으로 만드는 것은 쉽다. 하지만 아주 중요하다. 우리는 모두 하루 24시간을 산다. 아침에 일어나 밤에 잠들기까지 대부분 사람이 비슷한 생활을 하고 있다. 아무리 부자여도 밥을 먹고 잠을 잔다. 누구나 평범함을 가지고 있다. 하지만 특별하다는 것은 무엇일까. 결국 주목받고, 영향력이 커진다는 의미다. 돈은 영향력을 좋아한다. 그래서 우리는 우리의 평범함, 일상에 먼저 관심을 가져야 한다.

돈 벌 기회는 모두 일상에 있다. 그도 그럴 것이 일상의 평범함을 특별함으로 만들어내면 돈이 될 수 있는 기회들로 넘쳐난다. 어떻게 하면 되는지 고민할 필요도 없다. 특별해 보이는 사람들을 관찰해보면 된다. 우리가 알고 있는 수많은 성공자가 무엇을 했는지 공통점을 찾아보면 된다. 정말로 크게 성공한 사람들도 있고, 우리 주변에 월 1,000만 원, 월 억대 수입을 올리는 사람들을 관찰해보아도 된다. 지금까지 돈을 버는 수단이 되는 많은 활동 중에 크게 도움을 주는 활동의 핵심은 소비자에서 창조자가 되는 것이다.

창조자가 되리라는 말을 하면 거창해 보이지만, 쉽게 행할 수 있는 것이 많다. 매일의 일상을 SNS에 공유하는 사람이 있다. 주부인 H씨는 자신의 일상을 인스타그램에 공유하고 있다. 살림이 너무 어려웠던 그녀는 계속해서 자신이 어려움을 겪었던 사진과 짤막한 글을 올린다. 그리고 사소하게 문제를 해결했던 노하우도 올린다. 이를 통해 SNS에서 소통하던 사람들이 그녀의 노하우에 감사하고, 제품을 묻기도 한다. 아주 사소해 보이지만, H씨와 아무 활동도 하지 않는 나의 차이는 무엇일까. 단 하나다. 그녀는 창조 활동을 했다. 내가 생활하고 있는 모습을 소통의 창구에 사진과 글이라는 형태로 올리는 창조 활동을 한 것이다.

우리가 배우고 있는 역사는 글로 기록되었다. 지나온 시대에 어떤 일들이 있었는지가 남아 있는 것이다. 그런데 이렇게 글로 기록이 된 책 중 가장 많이 팔렸고, 많이 본 책 중 《성경》이 있다. 종교를 가지고 있는 사람이든, 아니든 《성경》은 모두가 한 번쯤은 보았을 것이다. 구약성서를 보면 정말 누가 누구를 낳았고 하는 이야기가 한참 동안 이어진다. 그런데 아직도 많은 사람이 이 《성경》이라는 책을 보며 진리를 구한다. 그만큼 영향력이 큰 것이다. 사소하게 적히는 글들도 영향력을 발휘하는데, 글로 적혀 읽히는 책이라는 것은 얼마나 많은 사람에게 영향을 미치는지를 보면 정말 놀랍다.

노인 한 명이 죽으면 도서관이 불탄 것과 같다

아직도 많은 사람이 책은 성공자만 쓰는 것으로 생각한다. 하지만 지금 도서관이나 서점에 가서 수많은 책을 한번 둘러보라. 나와 같은 평범한 사람들이 쓴 책으로 넘쳐난다. 그러면 그 책들이 많다고 해서 다 의미가 없는 것일까. 하나의 책을 쓰기 위해서는 수많은 사람의 노력이 들어간다. 작가는 자신이 경험한 것을 사람들과 나누기 위해 글을 쓴다. 그 글을 출판사에서 많은 직원의 편집을 통해 더 간결하고 명확하게 읽힐 수 있도록 만든다. 이 한 권의 책이 누군가의 인생을 바꾸기도 한다. 아프리카 속담에는 노인 한 명이 죽으면, 도서관이 불탄 것과 같다는 말이 있다. 정말 굉장한 문장이다. 나는 모든 사람이 자기 삶을 기록해, 아주 사소한 깨달음을 나누어 주는 것이 얼마나 큰일인지 느낀다. 그 사람이 겪은 시행착오를 누군가는 글을 통해 간접 경험을 할 수 있다. 그리고 깨달음을 얻어 더 빠르게 문제를 해결하고 나아갈 수 있다. 이렇게 우리가 기록을 남기고, 누군가를 돕는 일을 하는 것이 당연해지면, 우리는 좀 더 어제보다 나은 오늘을 살게 된다. 그렇게 역사는 이어져 왔고, 계속해서 발전을 해왔다.

예를 들어 우리가 예전처럼 해를 보면서 살고, 전기를 쓰기 이전으로 돌아가자는 운동이 일어났다고 가정해보자. 많은 사람이 이미 기술의 발전을 경험한 상태에서는 현실적으로 일어나기 힘든 일이다. 그러니 우리는 매일 성장하고 발전하는 게 당연하다. 그런데 아직도 재앙이 일어나거나, 핵전쟁이 일어나 모두가 사라지는 그런 공포를 가진 사람들도 많다. 설령 어마어마한 재앙이 일어나 이 지구가 사라지더라도 우리의 존재의 근원은 사라지지 않는다.

아무것도 사라지지 않는다. 세상에 존재한 모든 것은 기록된다. 내가 한낱 하나의 생명체에 지나지 않는다고 생각했을 때 가장 몸이 아팠다. 어떤 노력을 해도 다 허무하다고 생각했을 때가 있었다. 성공하기 위해 달려야 하는 이유가 꼭 있을까를 생각하기도 했다. 그런데 이 모든 의문이 풀리는 하나의 문장을 발견했다. 우리 모두가 존재의 근원이 같은 존재라는 것이다. 그리고 그 근원은 신이라고 불리기도 하고, 우주라고 불리기도 한다. 하지만 모든 존재의 근원의 가장 큰 특징이 확장이다. 확장하는 존재다. 그러니 우리가 계속 발전하고 성장하고자 하는 것은 너무나도 자연스러운 일이다.

이 순간을 살자

한평생을 살면서 사람들은 삶이라는 기록을 남긴다. 결국 우리는 죽을 때 무엇을 생각할까. 호스피스 병동에서 죽기 전 많은 사람에게 무엇이 가장 후회되는지를 물어보고, 답을 엮어 책으로 낸 책들이 있다. 그런 책들을 보면 그들이 하는 이야기에 공감한다. 좀 더 도전해보지 못한 것, 사랑하는 사람들과 더 많은 시간을 보내지 못한 것, 남의 눈치를 보느라 내 인생을 살지 못한 것 등이다.

그런 면에서 '후회'를 다른 말로 하면 결국 '갈망'이다. 체험을 향한 갈망, 내가 해보지 못한 것들을 해보고, 좋아하는 사람들과 함께하고, 사랑, 기쁨을 느끼고자 하는 갈망. 나는 그러한 욕구가 아주 근원적이라고 생각한다. 우리의 감정과 욕구는 사실 답을 알고 있다. 내가 어떤 사람으로 살아가고 싶은지, 무엇을 해야 행복한지 내 안에 모든 답이 있다. 이러한 생각을 나누는 일은 어디서든 가능하다. 오프라인 활동에서도 가능하고, 온라인에서도 가능하다. 이러한 깨달음을 나누기 시작할 때 사람들은 당신을 주목하게 될 것이다. 그리고 일상의 평범함이 특별함으로 바뀌기 시작한다.

재테크에 관한 관심이 생기기 시작한 지금, 내가 어떤 생각을 하는지, 무엇을 찾아보았는지 간단히 기록해보자. 그리고 그 기록을 많은 사람과 나누는 방법을 실행하라. 블로그, SNS, 유튜브 등 눈에 보이는 형태의 글, 사진, 영상으로 사람들과 나누면 된다. 나는 그런 실력이 없고, 부끄럽다는 생각은 거짓이다. 나를 드러내는 것은 우리의 성장과 다른 사람들의 성장을 돕는 가장 첫걸음이다. 이름을 남긴 작가, 화가, 발명가들은 자기 자신의 기록이 후대에 남아 길이길이 남는 사람이 되었다. 내가 살아서 천국을 누릴 것인지, 죽어서 누릴 것인지는 모두 본인에게 달려 있다. 고흐(Gogh)의 작품은 유명하지만, 그가 살아생전에 불행했다는 것은 살아서 많은 사람에게 자신을 알린 것이 아니라 숨어서 살았기 때문이다. 피카소(Picasso)는 살아서 더 많은 것을 누렸다. 우리에게 강한 영감을 주는 같은 화가이지만, 이왕이면 고흐의 삶보다는 피카소의 삶을 살기를 바란다. 누군가에게 영감을 주면서, 자기 삶도 기쁘게, 행복하게 살 줄 아는 사람이 더 빛나는 법이다.

공식 2
소비자가 아니라 창조자가 되어라

내가 움직이기 시작할 때 세상이 움직이기 시작한다

우리는 보통 일할 때 2가지 자세를 취할 수 있다. 수동적이거나 능동적인 자세다. 자신이 관심 있는 분야에서는 적극적이지만, 나서고 싶지 않을 때는 수비적으로 변할 수도 있다. 하지만 대부분의 행동이 비슷한 패턴을 보인다. 어떤 일에서든 수동적인 자세를 취하는 사람들은 방어적으로, 그 일에 대해 자신이 미칠 수 있는 영향이 없다고 생각한다. 자신이 아무리 노력해도 바뀌지 않을 것이라는 생각을 해서일 수도 있다.

기본적으로 사람은 무엇인가를 만들어낼 수 있는 창조력을 모두 가지고 있다. 어린아이도 청년도, 죽기 직전의 사람도 마찬가지다. 누구나 공평하게 창조력은 주어진다. 그냥 자신이 그런 존재라는 것을 깨닫기만 하면 된다. 소비를 하는 게 당연하다고 생각하면서, 창조하는 것은 다른 누군가가 하는 일이라는 수동적인 자세를 버리는 것이다.

내가 운영하는 재테크 카페 한투협에서는 많은 회원이 글을 쓴다. 내가 처음부터 투자에 관한 이야기만 계속했다면 그렇게 꾸준히 활동하지 못했을 것이다. 하지만 나는 처음부터 사람들에게 감사일기와 성공 확언을 쓰는 것을 과제로 냈다. 투자에서 가장 중요한 것은 수동적인 자세를 버리는 것이다. 스스로 글을 쓰고 자기 생각과 감정을 관찰할 수 있어야 이길 수 있는 곳이기 때문이다.

처음부터 아주 위대하고, 거창한 일을 해야 한다고 생각하면 행동이 나올 수 없다. 작은 일부터 창조해 나가는 것을 시작해야 한다. 나는 아이들과 함께 놀 때 놀랄 때가 많다. 주어진 장난감을 그냥 가지고 노는 것이 아니라, 일상에서 보이는 물건을 장난감처럼 가지고 놀 때가 많기 때문이다.

어려서 한 번쯤은 휴지를 가지고 장난을 쳐본 사람들도 많을 것이다. 나 또한 어려서 휴지에 물을 묻혀 천장에 붙이는 장난을 치고는 했는데, 처음 해보고 너무 신기해서 여러 번 했던 기억이 난다. 휴지를 낭비하는 일이기도 하고, 어른들이 보면 그만하라고 할 만도 한 일이다. 그렇지만 당시 엄마는 함께해주시며, 즐겁게 웃어주셨다. 물론, 적당한 양만 했다. 어리지만 너무 많은 휴지를 낭비하면 안 된다는 생각 정도는 가지고 있었으니 말이다.

나는 학창 시절 특출한 발명을 한 적도 없고, 뛰어난 성과를 낸 적도 없다. 하지만 사소하게 생각해낸 것들을 하면서 나의 창의력은 죽지 않고 살아 있었다. 누구나 생각의 씨앗을 키워 나무를 만들어낼 수 있다. 씨앗이 심어질 때는 너무나도 작은 씨앗이 땅속에 묻혀 있어 아무도 주목하지 않는다. 하지만 관심을 주고 사계절 동안 자기의 씨앗을 잘 키워낸 사람들이 많다. 무엇이든 처음 시작은 씨앗을 뿌린다는 심정으로 해야 한다. 그래야 어떤 환경 속에서든 씨앗이 가진 거대한 나무의 결과를 상상하며 나아갈 수 있기 때문이다.

나의 경험을 눈에 보이는 글과 사진으로 만들어두자

오늘 바라본 하늘이 아름다워 사진을 찍은 사람이 있다. 그 사람은 순간적으로 지나가는 장면을 사진으로 만들어냈다. 그리고 그 사진을 창조한 이후 많은 사람이 볼 수 있는 블로그에 올렸다. 여러 번 하다 보니, 사진을 찍는 실력도 늘었고, 글을 쓰는 실력도 늘었다. 이웃 블로거들이 사진을 퍼가며, 그 사람에게 사진 찍는 법이나 블로그를 운영하는 법을 물어보는 사람들도 생겼다. 직장생활을 하며 주말에는 사진 강의, 블로그 강의를 하며 제2의 업을 가지게 되었다. 이러한 일이 아주 특별한 사람들에게만 가능할까? 물론 아니다.

이 행동을 하기까지 그 사람은 이런 생각을 할 수는 있다.

'나는 이 순간 정말 행복했어. 그래서 기록으로 남겨두고 싶어. 내 사진을 본 누군가도 아름답다고 느껴주면 좋겠다.'

창조하는 행위는 무엇인가를 기록하거나, 만들어내는 것이다. 그리고 그것을 나누면 나눌수록 자기 영향력을 키울 수도 있다. 굳이 애써서 영향력을 키우려고 한 행동은 아니라도, 공유하고 나눌수록 사람들이 찾게 된다. 같은 하늘을 바라보지만, 그냥 보고 지나가는 것은 수동적인 행동이고, 그 순간을 잡아 만들어낸 사진가, 블로거는 능동적인 행동을 했다.

이 세상에 존재하는 기업들은 모두 창조하는 법인 인격체다. 그 기업이 만들어지기까지 창업자는 수많은 단계를 거쳐 왔다. 처음에는 아무것도 아닌 단순한 생각에서 시작된 기업들도 많다. '야놀자'를 만든 이수진 대표이사는 모텔에서 일하는 종업원이었다. 그는 온라인 카페에 자신이 일하며 느낀 것들을 올리기 시작했다. 그러자 많은 사람이 가입하며, 예약 대행을 해주는 서비스를 시작한다. 이후 앱을 출시해, 명실상부한 여행업 테크기업으로 재탄생하게 되었다. 소프트뱅크의 손정의(孫正義)가 2조 원의 자금을 투자하며, 이수진 대표이사의 성공 스토리가 많이 알려지게 되었다.

그 또한 처음에는 온라인상에 자신의 이야기를 쓰는 것부터 시작했다. 이 시작이 아주 위대해 보이고 거창해 보이는가? 전혀 그렇지 않을 것이다. 모텔 하면 떠오르는 이미지 때문에 오히려 그런 글을 왜 올렸을까 하는 사람들도 있다. 하지만 여기서 중요한 것은 그는 자신이 처한 상황에서 하고 싶은 이야기들을 시작했고, 사람들의 불편을 발견했다. 그리고 해결해주었다. 모든 서비스와 제품의 시작은 이렇게 시작된다. '문제 해결'에 초점을 맞추는 것 이전에 자신의 이야기가 있어야 한다. 왜냐하면 언제 어디서 어떻게 많은 사람을 도와줄 아이디어가 사업이 될지는 알 수 없기 때문이다.

내가 지금 하는 도전, 생각, 육아, 직장생활, 살림, 배우고 있는 것 등 그 어떤 것이라도 상관없다. 자신의 이야기를 해보는 연습부터 해야 한다. 왜냐하면 우리는 어려서부터 수동적으로 받아들이는 교육을 받아왔기 때문에 자신의 이야기를 하는 데는 익숙하지 않다. 그동안 학교에서나 사회에서 조금이라도 무리에서 튀게 행동하면 오히려, 왜 그러냐고 질책받는 때도 있었기 때문이다. 자기 생각을 이야기하는 것을 부끄러워하는 사람들이 많은 것은 그동안 우리가 겪어온 환경의 영향도 크다. 하지만 그렇다고 해서 소비자로만 있고자 한다면, 지금 이 세상에 창조자로 살아갈 때 누릴 수 있는 많은 것들을 포기하는 것이다.

나 또한 나를 드러내는 일이 처음부터 쉽지 않았다. 내 생각에 반대하는 사람들이 많으면 어쩌지, 매번 이렇게 셀카를 올리면 내가 너무 오버한다고 생각하는 사람들도 있지 않을까 무의식중에 그런 생각이 들 때가 있었다. 하지만 내가 하는 생각에 공감해주는 사람, 나로 인해 도움을 받았다는 사람, 용기를 얻었다는 사람들이 훨씬 더 많았고, 내가 생각하는 대부분의 걱정은 현실이 되지 않는다는 경험을 했다. 우리가 가진 대부분의 걱정은 실제로 80% 이상이 현실에서 일어나지 않는 일에 대한 걱정이라고 한다.

두려움에는 실체가 없다

내가 가진 두려움에는 실체가 없다. 이 말은 정말 내 인생을 송두리째 바꾼 말이다. 무의식중에 가지고 있던 많은 두려움을 잠재울 수 있게 해주었다. 사람들이 나를 바라보는 평판, 내가 앞으로 나아가지 못하게 하는 여러 두려움이 사실은 실체가 없었다니, 정말 바보같이 망설였구나 하고 깨달았다. 그리고 나의 이런 용기로 인해 많은 사람이 현명하게 투자하는 것에 대해 도전하기 시작했다. 세상이 위험하다고, 안 된다고 하는 곳에 기회가 있다. 그리고 먼저 자기 자신을 사랑해주고 용기 있게 드러내는 사람에게 기회가 생긴다.

정말로 인생에서 원하는 것을 보기 위해서는 용기를 가져야 한다. 그동안 취해왔던 수동적인 자세를 버리고, 능동적으로 행동할 용기를 말이다. 그렇게 삶의 패턴을 바꿀 때, 창조자로의 삶을 시작할 수 있다. 어떤 날은 에너지가 가득하다가도, 바이오리듬처럼 자신감이 사라질 때도 있을 수 있다. 그래도 한 가지만 기억하자. 내가 나를 정의하지 않으면 남이 나를 정의하게 된다. 그러니 능동적으로 살자. 창조자가 되어 세상을 누리자.

공식 3
부에 대한 죄책감을 버려라

무의식에 있는 부에 대한 청사진이 중요하다

흥부와 놀부 이야기를 보면, 형 놀부는 욕심 많은 못된 부자로 그려져 있다. 실제로 《흥부전》의 인물 설명을 보면 흥부는 도덕적이나 경제 관념이 없고, 놀부는 부도덕하나 경제 활동에 있어서는 끈기 있는 인물로 설명되어 있다. 우리가 그동안 알고 있는 많은 전래동화나 이야기들이 선하게 일을 한 사람들은 열심히 일하는데 부를 이루지 못하고, 가지고 있는 것마저도 나쁜 악인으로 그려진 형제나, 권력을 탐하는 인물들에게 뺏기는 내용들을 많이 볼 수 있다. 이상하게도 부를 이룬 사람들은 욕심이 많고, 부도덕하고, 아무도 돕지 않는 그런 인물들로 그리는 경우가 많다. 우리가 사는 세상이 경쟁 사회라고 생각하면,

다른 이의 것을 빼앗지 않고서는 부자가 될 수 없다고 생각할 수밖에 때문이다.

잠재의식은 부정어를 모른다. "바나나를 떠올리지 마세요"라는 말을 들으면, 바로 머릿속에 바나나가 떠오른다. 그러니 내가 원하는 것이 있다면, 긍정어로 말을 해야 한다. 진정한 부를 원한다면 부에 대해서는 좋은 이야기들로 가득 채워야 한다. 부를 이룬 사람들, 성공한 사람들에게 배울 점을 찾고 따라 해야 한다. 그러니 그동안 무의식 속에 부에 대한 부정적인 이미지, 죄책감, 질투, 자괴감 등이 있다면 먼저 그 감정을 바라보고 비워내야 한다. 스스로한테 이런 감정들이 있다는 것조차 모르는 사람들이 많다. 나 또한 그러했다. 이런 감정을 발견할 방법 중 다음 문장을 말해 보는 것이다.

1. 나는 무능력해.
2. 나는 가난해.
3. 나는 보잘것없어.
4. 나는 명품이 사치라고 생각해.
5. 나는 으리으리한 집에 살 수 있는 사람이 아니야.
6. 슈퍼카는 유명인, 돈 많은 사람이 타는 거지.
7. 나는 월 1,000만 원을 벌 능력이 없지.
8. 나는 빚이 무서워.
9. 나는 왜 항상 돈이 없지?
10. 내가 이러니까 궁상맞게 살 수밖에.

이런 부정적인 문장을 말하는 순간, 마음이 슬프거나 반발심이 든다면 실제로 그렇게 느끼고 있을 확률이 높다. 우리가 지나가는 돌을 보면 아무런 감정이 들지 않지만, 돈이라고 하면 바로 어떠한 감정을 가지고 받아들일 때가 많기 때문이다. 실제로 자신이 능력이 있고, 가진 것이 많다고 잠재의식이 생각하면 이런 문장을 말로 했을 때 아무런 감정이 들지 않는다. 잔잔한 호수와 같은 파동으로 그냥 스쳐 지나간다. 그러니 우리가 가지고 있는 부에 관한 생각을 깊게 들여다볼 필요가 있다.

정말로 나와 맞지 않는 이야기라고 생각하면, 아무런 감정의 동요 없이 지나갈 수 있다. 부에 대해서 부정적인 생각을 하고 있다면 빠르게 캐치해야 한다. '아, 내가 이런 생각을 하고 있었구나' 깨닫는 것에서부터 시작해야 한다. 요즘 세상은 단군 이래 가장 돈을 벌기 쉬운 세상이라고 한다. 예전에는 TV 프로그램에 나오거나 유명인이 광고해주어야 효과를 볼 수 있었다. 하지만 요즘은 일반인, 평범한 사람들이 직접 영상을 만들어 제작하고, 직접 써본 후기들을 올리는 활동들이 가능해졌다. 예전보다 자기 영향력을 키우기가 쉬워졌다. 또한, 상품 자체를 팔기 위해서 영업 MD들에게 부탁해 유통 채널을 통해 상품을 팔던 것도 직접 상품을 등록해 팔 수 있게 되었다. 중간단계가 많이 걷히면서 스스로 창조하는 사람들은 실제로 돈을 벌게 되었다.

부자로 사는 것이 당연하다고 말하자. 내가 아직 원하는 집, 원하는 차, 원하는 곳에 마음껏 쓸 수 있는 시간이 부족한 것은 스스로 그렇게 한계 지었기 때문이다. 여기서부터 관점이 바뀐다. 어쩔 수 없이 직장에 다니고, 어쩔 수 없이 이 일을 할 수밖에 없는 것이 아니다. 내가 있는 지금 이곳에서 가장 올려야 할 능력치는 무엇인가. 부를 현실화하는 데 필요한 방법은 무엇일까. 이런 질문들은 우선 나는 당연히 부를 거머쥘 수 있는 사람이라는 정의를 내린 후에 찾으면 된다. 그런데도 많은 사람이 이 순서를 완전히 바꿔 두고 생각한다. 자신은 부를 누릴 자격이 없다고 생각하면서 막연하게 부자가 되길 원한다고만 한다. 실제로는 그렇게 될 수 없다고 여기기 때문에 어떠한 아이디어도 생각나지 않고 행동할 엄두도 못 낸다.

대부분의 행동이 패턴이다

나는 학교에 가거나 회사에 갈 때 시간을 간당간당 맞추어서 갔다. 아침에 일어나는 것이 너무 힘들어 간신히 몸을 일으켰다. 지각이라도 하는 날이면, 선생님에게 혼날 생각에 죄책감부터 들어 더 가기 싫었다. 결국 지각을 한 날은 이상하게도 모든 일을 허겁지겁해야 했다. 그리고 죄책감을 느끼고 시작해야 했기 때문에 일이 더 꼬였다. 하루를 죄책감으로 시작했기 때문에 일이 잘될 리가 없었다. 이렇듯 하루에 승리하기 위해서는 죄책감으로 시작해서는 안 된다.

부자가 되겠다고 선언했다면 부에 대한 죄책감을 버려라. 나는 당연히 부를 누려야 할 권리가 있다고 선언하라. 그래야 나도 모르게 돈이 들어왔을 때 허무하게 돈을 날리는 일이 없다. 자신도 모르게 목돈이 생기면 크게 부탁하지 않았는데도 쉽게 돈을 빌려주는 경우가 있다. 전혀 잘 알지도 못하는 투자처에 투자한다거나, 정말 갖고 싶은 것도 아니었는데 돈이 좀 생겼다는 이유만으로 소비해버리는 일이 없게 된다. 부에 대해 말하고 집중하면 우리가 집중하는 것이 커진다.

나는 남편과 내 집 마련에 성공하고 나서 마음의 안정을 얻었다. 우리는 항상 새벽에 잠시 마주친다. 남편도 일하고, 나도 일을 하기 때문이다. 어떻게 보면 누군가에게 나는 워커홀릭처럼 보일지 모르겠다. 하루 24시간 중 잠드는 순간을 빼고는 일을 계속하고 있기 때문이다. 하지만 현재 하는 일은 모두 나의 취미가 일이 되었기 때문에 나는 모든 순간이 즐겁다. 다만 아쉬운 것은 내가 일에 집중하는 동안 남편과 보내는 시간이 많이 줄었다. 남편도 나도 집을 마련하고 나서는 마음이 안정되었다. 함께 있는 순간이라도 더 알차게 보내기 위해 노력하기 시작했다.

집 앞에서 하천과 산 주변을 산책하며, 서로 생각하는 부분을 나누었다. 그리고 깨달았다. 나의 꿈을 지지해주는 사람이 있다는 것은 정말 큰 동기 부여가 된다는 것을 말이다. 하지만 처음부터 남편이 그랬던 것은 아니다. 내가 끊임없이 도전하고 앞으로 나아갈 때 분명히 옆에서 지켜보는 사람 입장에서는 위태로워 보였을 것이다. 하지만 나는 중심을 잡고 계속해서 행동과 결과로 보여주었다. 그리고 지금 우리는 서로를 단단히 신뢰하는 관계가 되었다. 어떤 순간 속에서도 흔들리지 않고 앞으로 나아가는 것. 중심을 나로 잡는 것은 중요하다. 살면서 나의 사랑하는 가족, 지인, 그리고 어떤 관계자가 있다고 하더라도 세상에서 가장 소중한 존재는 바로 나 자신이라는 점을 잊지 말아야 한다. 내가 강해져야 내가 사랑하는 사람들도 지킬 수 있으니까.

공식 4
부자처럼 생각하고 행동하라

내가 가진 셀프이미지가 바깥으로 드러난다

마크 트웨인(Mark Twain)의 《왕자와 거지》 이야기는 참 충격적이다. 우리는 보통 사람을 겉으로 보이는 대로 판단한다. 사실 입고 있는 옷과 헤어 스타일, 그 사람을 대하는 다른 사람들의 태도만으로 우리는 자연스럽게 그 사람의 모든 것을 판단한다. 그런데 왕자와 거지가 옷만 바꿔 입었다고 바로 위치가 바뀌다니. 처음 거지가 왕자 옷을 입었을 때 아무도 그를 의심하지 않고 오직 거지만 그 상황을 부자연스러워했다. 그런데 시간이 지나자 거지였던 왕자는 예법을 익히고, 정무를 돌보며, 자비로운 왕자로 칭송받는다.

여기서 우리가 알아야 할 것은 스스로 부자가 되겠다고 선언했다

면, 앞으로는 옷을 입을 때나 행동할 때도 부자처럼 하는 것이다. 무조
건 비싼 옷을 입으라는 것이 아니다. 자신이 생각하는 부자의 이미지
를 실제로 자신이 그런 사람이라고 생각하며 입으면 된다. 내가 생각
하는 부자는 다림질이 잘되어 있는 옷을 깔끔하게 입고, 바른 자세로
일하는 사람의 이미지가 있다. 어디를 가든 당당한 태도로 많은 사람
이 함부로 하지 못하는 오라(aura)를 가졌다. 나는 그 이미지를 머릿속
에 그리고, 내가 하루를 보내며 만나는 사람들이 나를 그렇게 바라본
다고 상상한다. 집 밖을 나가기 전 옷이 깔끔한지, 얼굴이 환한지 거울
을 보게 된다.

우리는 후회 없는 삶을 살기 위해서 어떻게 해야 하는지를 묻는다.
지금, 이 순간부터 자기 자신을 중심에 두고 살자. 더 많은 돈이 나를
통해 흘러가기를 원한다면, 원하는 것만 중점적으로 생각하고 행동하
면 된다. 다른 누군가가 아닌 나 자신이 이 우주의 중심이다. 그러니
원하는 대로 채색하면 된다. 내가 나를 사랑해야 다른 사람을 사랑할
수 있고, 나를 축복해야 다른 이도 축복해줄 수 있다. 스스로 부자가
되기로 생각한 사람들은 생각하고 말하는 모든 것이 부에 초점이 맞
추어져 있다. 그래서 도전할 때면 안 된다는 말 대신 일단 해보고 정정
하자.

자수성가한 부자들은 3가지 공통점이 있다. 첫 번째, 그들은 자신
의 목표에 대해 아주 긍정적이다. 이는 현실적으로 모든 면에서 비판
하지 않는다는 것이 아니다. 자기 자신이 가진 목표가 반드시 이루어
질 것이라는 긍정의 에너지를 가지고 있다. 그래서 당장 눈앞에 큰 문

제처럼 보이는 일들이 발생해도 문제에 초점을 맞추기보다는 해결점에 초점을 맞춘다.

두 번째, 행동력이 빠르다. 보통 사람들은 생각이 스치면, 그저 스쳐 지나가는 생각으로 둔다. 예를 들어 함께 이야기하는 누군가가 "제주도에 여행을 가면 좋겠다"라는 말을 한다. 그러면 보통은 "맞아, 제주도 좋지. 나도 이번 여름 휴가 때는 가보고 싶다" 이렇게 이야기만 하고 지나간다. 하지만 부자들은 미리 비행기 표를 예약하고 갈 곳을 모두 예약해둔 다음 빠르게 행동하고 스케줄을 조정한다. 그들은 생각이 들면 실제로 빠르게 현실이 되도록 모든 것을 조정해 나간다. 가끔 그들의 결단력과 행동이 너무 빨라 보통 사람들이 옆에서 지켜보게 되면 그들의 행동 방식에 놀란다.

세 번째, 멘탈이 강하다. 그들은 자기 자신을 중심으로 생각하기 때문에 어떤 폭풍이 몰아쳐도 강한 정신력으로 이겨낸다. 자기 자신이 강하기 때문에 다른 이들을 도울 수 있는 존재가 된다. 누가 보아도 안되는 상황에서도 밀어붙일 수 있는 강인한 정신력은 누군가 만들어줄 수 있는 게 아니다. 스스로 그렇게 생각하고, 현실로 만든다.

나를 바라보는 관점이 나를 만든다

나는 소심한 성격을 가진 아이였다. 반 친구들 앞에서 이야기하는 게 쑥스러워 학교에서도 발표시킬까 봐 항상 선생님이 손을 들라고 하면, 앞의 아이 뒤에 보이지 않게 숨었다. 그런 내 성격이 걱정되어 엄마는 웅변학원을 보냈다. 딱 한 달 정도 다녔는데, 학원 옥상 놀이터에서 논 기억만 난다. 그러다 6학년 때 담임선생님은 나에게 교과서를 읽으라는 발표를 시켰다. 처음 교과서를 읽을 때는 눈앞이 캄캄했다. 조금이라도 틀리면 놀림을 받을 것 같다고 생각했다. 그런데 선생님은 발표가 끝나고, 내가 정말 글을 잘 읽는다며 이슬이는 나중에 아나운서 해도 되겠다고 칭찬을 해주셨다. 처음 받아본 칭찬에 나는 얼떨떨했다. 그리고 정말 아나운서가 되면 멋지겠다는 생각에 집에서 뉴스 기사를 켜두고 아나운서들이 하는 발음을 따라 하곤 했다. 이후에 발표를 할 수 있는 기회가 있을 때면, 마치 내가 아나운서가 된 것처럼 더 자신감 있게 했다. 물론 그 이후 또 꿈은 바뀌었지만, 발표하는 두려움은 그때 극복할 수 있었다.

책을 쓰는 작가가 된 이후로 감사하게도 강의를 할 수 있는 기회들이 생겼다. 지금도 강의를 준비할 때면 두려움보다는 설렘으로 준비한다. 많은 사람에게 나의 경험을 이야기해주고 공감할 수 있는 이야기들을 해줄 수 있는 기회를 가졌다는 것에 감사한다. 강의를 준비하며 한 단계 더 성장할 수 있다는 사실에도 감사하다. 내가 어려서부터 남들 앞에 나서는 것을 무서워하는 것을 극복할 생각을 하지 않았다면, 지금까지도 어려움을 겪었을 것이다. 당시 선생님의 칭찬 한마디가 나를 정의하는 방식을 새롭게 해주었다.

내가 나를 정의하지 않으면 결국 남이 나를 정의하게 된다. 에디슨(Edison)과 아인슈타인(Einstein)은 ADHD이었다고 한다. 하지만 우리는 그들을 천재로 기억한다. 아인슈타인이 자신의 집 주소를 외우지 못해 종종 이웃집으로 들어갔다는 일화는 유명하다. 그가 학교에서 성적이 너무 좋지 않자 담임선생님은 '무엇을 하든 성공할 가능성이 없음'이라고 생활기록부에 기록했다. 하지만 그의 어머니는 아들에게 세상의 다른 아이들과는 다른 장점을 가지고 있다고 했고, 아인슈타인은 그 말을 믿었다. 아인슈타인이 남긴 명언 중 "모든 사람은 천재다. 하지만 물고기들을 나무 타기 실력으로 평가한다면, 물고기는 평생 자신이 형편없다고 믿으며 살아갈 것이다"라는 말이 있다. 그가 살아온 삶은 자신이 정의한 대로 많은 사람이 누릴 수 있는 과학적인 발명으로 가득하다. 그가 자신을 정의함으로써, 아무것도 성공할 수 없다고 한 선생님의 정의는 완전히 틀렸다.

공식 5
통장 관리는 단순할수록 강력하다

진리는 단순하다

5년 동안 직장인분들에게 ETF 투자를 강의하며 느낀 점이 있다. 많은 분이 처음에는 열정을 가지고 시작한다. 계좌도 만들고, 주식도 하지만, 투자가 마음대로 되지 않을 때 쉽게 포기를 했다. 그래서 계좌와 종목이 여러 개가 될수록 오히려 독이 될 수도 있다는 것을 알았다.

통장 관리는 단순할수록 편하다. 내가 직장인이던 시절, 새마을금고를 다니면서 정기적금 대신 자유적금을 가입한 이유는 단 하나였다. 돈을 모으는 동안 월급을 받을 때 분명히 언제 얼마를 받을지 모르는데, 정기적금을 가입하면 그 돈을 과연 1년 동안 유지하며 넣을 수 있을까 하는 압박 때문에 단순하게 자유적금을 만들었다. 매일같이 통장을 만들어주는 역할을 하다 보니 내 이름으로 된 자유적금 통장을 만드는 것은 나에게는 그냥 하나의 종이를 써내는 것에 불과했다. 만들고 원하지 않으면 바로 해지할 수도 있었기 때문이다.

그렇게 1년 자유적금 가입 후 월급이 들어오면, 월급에서 20만 원정도는 빼고 나머지를 모두 자유적금에 넣고 생활했다. 그렇게 할 수 있었던 것은 부모님과 함께 살기도 했고, 내가 쓰는 돈이 거의 하루에 점심값이 나갈까 말까 한 상황이기도 했기 때문이다. 돈을 많이 아끼려고 한 것은 아니고, 새벽부터 밤 10시 또는 12시까지 일하다 보니 돈 나갈 일이 별로 없기도 했다. 그렇게 2년 동안 직장생활을 하며 웬만한 돈은 모두 저축과 투자로 모아 나갔다.

하지만 나는 월급으로만 만족하지 않았다. 수당을 받을 수 있는 보험과 카드 등 부수입을 창출할 수 있는 영역에서 성과를 내려 했다. 하루에 목표를 세워 두면 행동을 하는 것이 쉬웠다. 대부분 사람은 목표를 세우지 않으니 행동을 할 수가 없게 된다. 아무리 동기 부여가 되는 성공 명언을 보고 미라클 모닝을 하려고 해도 실제로 행동할 수가 없는 것이다.

꿈이나 목표는 누군가 대신 세워 줄 수 있는 부분이 아니다. 스스로 세워야 한다. 거창하지 않더라도 종이에 적거나 머리에서 되새길 수 있게 눈으로 보이도록 만들어야 한다. 그 과정이 조금 쑥스럽고 익숙하지 않더라도 반드시 해야 한다고 여러 번 여기서 말하는 것은 분명히 이유가 있다.

금융과 친숙해지기

지금은 ETF라는 금융상품으로 투자하며, 많은 사람에게 저축과 투자를 통해 돈을 모으고 불리는 법에 대해 알리고 있다. 내가 직장에 다니면서 돈을 모았다 보니 많은 시간이 투여되는 재테크는 일상생활을 망친다는 것을 알고 있었다. 비트코인이나 테마주 같은 투자에 빠지다 보면 가족들이 말리기도 하고, 제발 그만하라고 하는 이유가 인간의 이성이 아닌 두려움과 환상에 빠져 시간을 보내게 하기 때문이다.

계좌를 단순하게 만들어서 내가 운용하는 입출금 통장과 돈을 모으는 통장 하나, 그리고 장기 통장 하나 정도로 단순하게 운용하면 관리하기도 편하다. 입출금 통장을 쪼개서 월급이 들어오는 통장, 나가는 통장 등 다양하게 운용해야 한다고 말하는 사람들도 있다. 그분들의 이야기가 틀린 것은 아니다. 다만, 내 성향 자체가 단순한 것을 좋아한다. 정신이 산만하다 보니 많은 것에 신경을 못 쓰기 때문에 그렇게 할 수가 없었다. 나는 새마을금고를 다녔던 탓에 회원 통장인 출자금 통장을 입사할 때 당연하다는 듯이 만들어주었다. 선배가 나에게 만들어준 통장은 2개였다. 출자금과 월급을 받는 입출금 통장. 그리고 보험은 딱 하나를 들어 주었다. 가장 핵심이 실비 보험. 그렇게 내 금융 생활이 시작되었다.

아무도 알려주지 않았지만, 새마을금고를 다니는 5년 동안 많은 직장인, 대부계 고객들, 저축하는 고객들을 보며 돈을 운용하는 방법에 대한 것은 익숙하게 관찰할 수 있었다. 하지만 내 돈을 운용할 때는 그런 정보를 활용하려 하지는 않았다. 월급을 받는 동안은 그저 모이는 돈을 최대한 쓰지 않고 모으는 게 최선이라고 생각했기 때문이다.

나처럼 금융권에서 일하는 분들은 금융 용어가 친숙하다. 그러므로 경제 기사나 경제 용어를 보아도 바로바로 이해할 수 있다. 그러나 대부분 회사원 또는 금융권과 관련 없는 일을 하는 분들은 금리가 무엇을 의미하는지, 통장을 개설할 때 어떤 통장을 얼마나 개설해야 하는지 하나부터 열까지 의문점투성이다. 앞서도 말했지만, 남편은 공대를 나와서, 처음 나를 만났을 때 은행에 가는 것이 두렵다고 했다. 그 말을 들었을 때 직장이 은행권이다 보니 이해가 되지 않았다. 하지만 지금은 이해가 된다. 얼마나 많은 용어가 익숙하지 않은 용어들인지, 그리고 굳이 관심을 가지지 않으면 어렵게 느껴질 수밖에 없는지를 이해할 수 있다.

익숙해지면 쉬워 보인다

하지만 중요한 것은 내가 부를 원하고 경제적 자유를 원한다면, 금융 용어와 경제 용어가 만만해져야 한다. 그렇게 되기까지 많은 시간이 필요한 것도 아니다. 한 달간 매일 아침 10분의 시간 동안 뉴스 헤드라인이 뜨는 것들을 지켜보기만 해도 매일 반복되는 용어들일 뿐이다. 특히 '인베스팅 닷컴'과 같은 경제 뉴스들만 모아서 보여주는 앱을 하나 깔아두면 좋다. 그렇게 앱에 들어가 뉴스 칸을 들어가면, 매일 뜨는 경제 이슈들을 접하게 된다. 처음에는 뭐가 뭔지 어지러운 느낌이 들기도 한다. 나 또한 그랬다. 하지만 매일 그냥 들어가 제목만 보는 것을 습관화하면 된다. 그렇게 익숙해지면 얼마나 그 용어들이 함축적인 의미가 있는지 알게 된다.

그리고 금융용어들은 함축적인 의미가 있어서 사람들에게 친절하지는 않지만, 영향력은 매우 크다. 우리가 인정하고 싶지는 않지만 내 집 마련을 하고 싶거나 월급을 받아 생활할 때마다 돈에 관한 생각을 계속하게 되기 때문이다. 그러므로 나는 부동산 투자든, 주식 투자든, 어떤 투자에 관해서든 관심이 생기면 매일 보았으면 한다. 중요한 것은 내 돈이 들어가지 않으면 관심이 끊어질 수밖에 없으니 소액으로라도 들어갈 수 있는 금액은 계좌에서 매수해두고 지켜보는 것이 큰 도움이 된다.

계좌를 여러 개 개설하면 자주 들어가보기도 힘들다. 하지만 목적에 따라 들어가볼 수밖에 없는 계좌가 단순하다면, 지켜보기도 편하고 나를 돌아보는 수단이 되기도 한다. 단순할수록 강한 힘을 가지고 있다. 복잡하면 결국 포기를 하게 된다. 꾸준히 한 방울씩 떨어지는 물은 바위를 뚫지만, 한꺼번에 쏟아지는 물은 바위를 적시고 지나갈 뿐이다. 누구든 처음이 있다. 그러니 자신의 처음이 앞으로 굴러갈 투자 자산에 초석이 된다는 사실을 기억한다면, 계좌를 단순화하라.

언제든 파악할 수 있게 만들어라. 그래서 금융권에 요구하는 자료에 대해 단순하게 제출할 수 있도록 만들어라. 그들은 당신을 도와주기 위해 존재하는 사람들이다. 금융권에서 일하는 사람들을 내 편으로 만드느냐, 아니면 무서운 존재로 만드느냐는 전적으로 당신에게 달려 있다.

공식 6
몰입독서가 초단기간에
1억 원을 모으는 비결이다

모든 책은 내가 행동할 수 있도록 한 줄의 울림을 준다

대학교 3학년 때 심한 취업 스트레스로 자가면역질환이 왔다. 처음에는 몸이 왜 아픈지 몰랐다. 아침에 깨질 듯한 두통과 모든 관절이 아파서 움직일 수조차 없는 상태가 되자 나에게 왜 이런 일이 벌어졌는가 싶어 누워서 눈물만 흘렸다. 극심한 고통에 혼자서 머리를 감지도 못해 다 커서 부모님에게 의지해야 한다는 사실도 너무 죄송하고 힘들었다. 그렇게 혼자서 집에서 있는 시간이 많아졌고, 나는 고통을 견디기 위해 책을 읽었다. 나와 같이 아픈 상태에서도 성공한 사람, 그리고 더 최악의 상황에서도 성공을 한 사람들의 자기계발서를 보면서 왠지 모를 희망이 생겼다. 이 사람도 이렇게 힘든 상황을 극복했는데, 나도 조금 있으면 상황이 나아지지 않을까 생각한 것이다.

독서를 통해 내가 얻은 것은 정말 많다. 경제적 자유의 초석도, 성공의 씨앗도 모두 독서를 통해 시작되었다. 그렇게 간절하게 책을 읽었던 적이 없었던 것 같다. 더 나아지고 싶어서 시작한 독서가 인생을 바꾼 것이다. 그때만 해도 나는 책을 읽는 것도 어려웠다. 읽었던 부분을 다시 보고 하면서 책 한 권을 읽는 데 오랜 시간이 걸렸다. 처음 앞부분은 보았지만, 뒷부분은 아예 보지 못하는 책도 많았다. 하지만 그 안에서도 깨닫는 점이 생기면 바로 실행해보려 노력했다.

생각이 확장되고, 행동으로 옮기는 몰입독서의 힘

수많은 책을 본 사람과 단 한 권의 책도 읽지 않은 사람은 겉으로 보아서 다른 점이 없다. 책을 많이 읽는 것이 중요한 것이 아니다. 내가 생각하는 몰입독서는 내가 그 책을 보고 어떤 행동을 실행에 옮겼는지가 포인트다. 책의 모든 내용이 하고자 하는 말은 책의 제목과 목차에 집약되어 나타나 있다. 그러니 그 안에 저자의 사례와 생각을 듣고, 내가 하고자 하는 일에 어떻게 접목할 것인지를 생각해야 한다.

쉽게 실천할 방법이 있다. 나는 읽고 싶은 책을 구매해 읽으며 아이디어가 생기면, 바로 책에 적고 밑줄을 긋는다. 그리고 그 부분을 사진을 찍어 나의 SNS 소통 창구에 공유한다. 내가 생각한 부분을 다시 들어가볼 수 있게 장치를 걸어 두는 것이다. 이렇게 하니 내가 깨달은 부분을 다른 사람들과 소통하며 나눌 수 있는 일석이조의 효과를 가져왔다. 그리고 메모하며 독서한 부분을 나누면서 한 가지 더 좋은 점이 있었다. 책을 쓸 때 그때의 내 생각과 아이디어를 스쳐 지나가는 생각으로만 한 것이 아니라 붙잡아 둘 수 있었기 때문이다.

여러분은 책을 보기 가장 좋은 시간대를 규칙적으로 만들어두기를 바란다. 나는 잠들기 전에는 반드시 한 줄이라도 보고 자려 한다. 그렇게 잠이 들 때 가장 행복하기 때문이다. 내가 좋아하는 책들은 같은 책을 10권, 20권 다시 사서 본다. 이미 본 책에 밑줄은 내가 그 당시 깨달은 점이고, 다시 보면 다른 부분이 눈에 들어오기 때문이다. 처음에는 양으로 독서를 하지만, 지금은 질적인 독서에 집중하고 있다. 나에게 힘이 되고 아이디어가 샘솟는 책은 보고 또 보면서 나의 삶에 체화시킨다.

대학교에 다니면서 보았던 책 중 가장 충격적인 책은 로버트 기요사키의 《부자 아빠 가난한 아빠》였다. 당시에도 베스트셀러였지만, 지금까지도 베스트셀러로 사랑받고 있다. 혈연으로 이어진 아빠는 가난한 아빠이고, 친구 아빠를 통해 부를 배운 기요사키의 경험이 담긴 책이다. 그리고 그 안에서 이야기한 것 중에서 내 머릿속에 기억된 부분은 4분면이다. 대다수가 직장인인 노동 수입만 있는 E(Employee) 사분면, 자영업자로 사는 S(Self-employed) 사분면, 그리고 사업소득을 누리는 B(Big business) 사분면, 마지막 투자가의 삶인 I(Investor) 사분면까지 간략하게 요약된 4사분면 표를 보면서, 나 또한 투자 소득을 누리는 투자가로 살겠다고 다짐했다.

확신이 의지보다 강하다

내가 직장에 다니면서 재테크와 투자에 열을 올린 것은 나의 확신 때문이었다. 수많은 책을 보면서 잠재의식 속에 투자는 숨 쉬듯이 당연히 해야 하는 것이라는 생각이 있었다. 그리고 앞서 4사분면을 책으로만 보았을 때는 어떻게 하면 사업을 하고, 돈이 나를 위하게 일하게 만들어야 할지 구체적인 방법을 알 수가 없었다.

그런데 내게 정말 큰 전환점을 일으켜준 책이 있다. 직장생활을 하면서 본 엠제이 드마코(MJ DeMarco)의 《부의 추월차선》이라는 책이다. 이 책 또한 사람들이 살아가는 방식을 인도, 서행차선, 추월차선으로 나누어 경제적 자유를 이룬 사람들의 삶과 평범한 사람들의 삶이 어떤 식으로 다른지 비유를 통해 와 닿게 설명해주고 있다. 내가 그날 책을 읽고 행동했던 것은, 머니 트리를 적어본 것이었다. 노트를 펼쳐서 나의 머니 트리라는 제목을 적고, 내가 알고 있던 모든 돈 버는 방식을 적었다. 월급, 주식 수익, 부동산, 책 인세, 강의, 앱 개발 등 알고 있는 모든 것을 적어 내려갔다. 그리고 나서 그 책을 통해 알게 된 사실은 내가 적었던 모든 것은 사실 나의 능력인데, 다만 실행을 안 했을 뿐이라는 것이었다. 그중에서 제대로 하는 것이 없었다는 생각에 모든 머니 트리를 실행할 방안으로 인터넷을 찾아 전문가의 강의를 모두 신청했다.

책을 통해서 본 작가의 부동산 강의, 앱 개발 1:1 과외 신청을 하며, 내가 누리고자 하는 꿈을 실행할 방안을 찾았다. 그렇게 직장이 끝나면 바로 배우기 위해 시간을 쏟았고, 주말도 쉬지 않고 강의를 듣고 책을 보며 정리해 나갔다. 그렇게 열심히 경제적 자유를 향해 달리고 달렸지만, 눈앞에 바로 나타나는 성과가 있던 것은 아니었다.

내 인생을 바꾼 책 쓰기

부동산 강의를 듣던 중 강사님이 책 쓰기 수업을 듣고 작가가 되었다는 것을 알았다. 알고 보니 강사님의 멘토가 수많은 사람을 책을 쓰도록 도와준 김태광 작가님이었다는 것을 알고, 나는 주저하지 않고 바로 책 쓰기 특강을 신청했다. 미국 엔지니어링 회사에서 인턴 생활을 하며 사장인 토니가 나에게 심어준 한마디는 "사람은 죽을 때까지 배워야 한다. 가장 강력한 배움은 사람을 통해서다"였다. 그래서 나는 항상 나보다 높은 위치, 배움을 아낌없이 나누어 주는 멘토를 찾았다. 그렇게 나의 인생이 단숨에 E에서 S로, 인도에서 추월차선으로 바꿔준 인생 멘토인 김태광 작가님과 권동희 작가님을 만날 수 있었다.

처음 책 쓰기를 배우러 갔을 때 나는 꿈에 부풀어 있던 은행원이었다. 쓰고 싶은 책을 마구 나열하며 자기소개서를 썼다. 하지만 그중에 나의 주제가 된 것은 전혀 예상치 못한 주식 책이었다. 내가 그동안 관심이 있던 관심사 중에 내세울 수 있는 것이 주식이라는 생각을 전혀 못 하고 있던 나에게 김태광 작가님이 조언하셨다. "많은 사람이 주식을 어려워하는데 당신은 쉽게 하고 있으니 그 지혜를 나누어 주어야 한다"라고 말씀하셨다. 처음에 그 말을 듣고 얼마나 가슴이 뛰었는지 모른다. 정말로 제대로 된 멘토를 만나면 인생이 단숨에 바뀐다.

'열심히만 살지 말고 지금 당장 위치를 바꿔라.'

그 말이 나를 움직였다. 더 이상 독자로만 있지 말고, 작가로 살겠다고 다짐했다. 그리고 정말 기적 같은 일들이 아무렇지 않게 나의 현실이 되었다. 책을 쓰고 작가가 되는 데 단 3개월이 걸렸다. 첫 책의 원고를 작성하는 데 10일이라는 시간이 걸렸다. 새마을금고에 7시 반까지 출근하고, 집에 돌아와 12시가 되면 새벽 2시까지 원고를 쓰고 잤다. 그리고 주말이면 끊임없이 원고를 썼다. 내가 살아온 모든 인생을 담아내는 일이었기 때문에 단시간에 책을 쓸 수 있었지만, 나의 삶이 담긴 책이기 때문에 책을 쓰는 데 걸린 모든 시간을 계산하면 나의 30년 인생이라고 이야기하고 싶다.

김태광 작가님은 제대로 된 책을 내기까지 7년이라는 시간이 걸렸고, 500번 이상 출판사의 거절에도 포기하지 않고 작가가 되었다. 그렇게 자신이 집필한 책이 300여 권, 배출한 작가가 1,200명이다. 나는 인생을 모두 나의 멘토에게서 배웠다. 포기하지 않는 집념과 빠른 실행력, 내가 직접 경험하고 얻은 지혜를 나누어 주는 포용력과 리더십까지 모두 알려준 분이다. 그리고 꿈 부부로 '한국책쓰기강사양성협회(이하 한책협)'를 함께 이끌어가는 권동희 작가님은 항상 내가 외부의 저항에 막힐 때마다 조언해주셨다. 더 이상 착한 여자가 아니라 강한 여자로 살라고 말이다.

내가 하고자 하는 일, 도전에 가장 큰 장애물은 항상 가족이다. 나를 걱정해주고, 아끼기 때문에 하는 말이지만, 결국 그 자리에 머물게 만드는 것도 가족이기 때문이다. 그래서 내가 더 강해져서 중심을 잡지 않으면 그 자리에 머물게 될 것임을 알게 해주셨다. 지금까지 만난 모든 사람 중에 누가 나를 가장 크게 도와주었냐고 묻는다면, 나는 당연히 한책협을 이끌어가는 나의 멘토 두 분을 이야기한다. 그동안 내가 상상하고 꿈으로만 꿨던 일을 현실로 가장 빠르게 만들 수 있게 전폭적인 지지를 해주셨다.

세상에는 두 부류의 멘토가 있다. 자신이 행복하고 이득이 될 때만 사람을 돕는 사람과, 정말로 그 사람이 도움이 필요해서 찾아왔을 때 나와 같은 사람으로 봐주며 모든 지혜를 나누어 주는 사람이다. 그동안 내가 책에서 간접경험을 통해 배우고 깨닫게 해준 성인들도 많지만, 나의 현실 세계를 바꿔준 강력한 멘토를 만나자 나의 꿈이 현실이 되었다. 김태광 작가님과 권동희 작가님은 처음 만난 그날부터 지금까지 나를 항상 성공자로 바라봐주었다.

내가 책을 읽고 깨달은 바를 실천하지 않았다면 절대 만날 수 없었을 것이다. 그동안 정말 강하게 바라고 믿어왔고, 원하는 삶을 살게 되리라 확신했다. 하지만 방법을 알 수가 없었다. 그래서 끊임없이 찾던 와중에 귀인을 만나 단숨에 이루어졌다. 누군가가 삶을 통해 얻은 지혜는 살아있는 지혜이며 가장 값지다.

그러니 반드시 무언가를 이루고 싶다면 그것을 이미 이룬 사람에게서 배워야 한다. 가장 쉬운 방법이 독서이고, 적극적인 방법은 강의를 듣는 것이다. 성공자는 이미 높은 위치에 있어서 사람들에게 자신이 겪은 경험을 아낌없이 나누어 주려고 한다. 그러니 내가 적극적으로 찾아가 배우면 지금의 위치를 빠르게 바꿀 수 있다.

몰입독서를 통해 나는 끊임없이 실행을 해왔고 빠르게 삶이 바뀌었다. 지금 이 책을 보고 있는 독자분들 중 경제적 자유를 이루고자 하는 분이 있다면, 나와 같은 방식으로 책을 볼 것을 강력히 추천 드린다. 한 줄의 문장이라도 아이디어가 생기는 부분을 잡아 현실로 만들어 보아라. 스쳐 지나가는 많은 생각 중 나의 삶을 바꿀 아이디어는 언제나 우리 주변에 있다. 그리고 진정한 멘토를 만들어라. 이미 성공한 사람들은 당신이 원하는 모든 것을 가지고 있다.

공식 7
부자는 독서에 강하다

성공자들은 좋은 책을 보고
관점을 바꿔 생각할 줄 안다

　돈은 눈에 보이지 않는다. 돈은 에너지라고 생각하면 모든 것이 쉽게 이해가 된다. 내가 만난 부자들은 모두 에너지가 강했다. 돈에 대해 말하는 것을 즐기고 성취를 좋아했다. 그동안 내가 알던 자수성가형 부자들은 대부분 책을 읽는 것을 중요시했다. 책을 읽는 방식은 달랐지만, 하나같이 책을 보는 것을 좋아하는 사람들이었다.

　도서관에 가면 수많은 사람이 책을 보고 있다. 아이들과 함께 와서 책을 보는 가족들도 있고, 매일같이 책을 보러 오는 사람들도 있다. 그렇지만 책을 보면서 경제적 자유까지 누리는 사람들은 극소수다. 왜 그런 결과가 나오는 것일까? 어떤 점이 차이점일까?

정답은 아니지만 내가 생각한 차이점은 단 하나다. 도서관에서 책을 보는 사람들은 대부분 책을 보며 인풋은 끊임없이 하지만, 아웃풋의 양이 상당히 적다. 책을 통해서 얻은 깨달음을 바로바로 실행하지 않는다. 하지만 내가 알고 있는 자수성가한 부자들은 책을 읽고 깨달은 것을 바로 아웃풋을 통해 나눈다. 그냥 읽기에서만 그치는 것이 아니라 자기 삶으로 나타낸다.

수동적인 위치에 있는 것이 아니라 창조자로 살아가는 것이다. 창조를 하는 것이 어렵다고만 느낀다면, 간단한 창조부터 시작하면 된다. 아이들은 자신이 생각한 것들을 그림으로 그려서 매일 창조 활동을 한다. 그리고 상상을 이야기하며 즐거워한다. 그게 바로 창조 그 자체다. 우리는 매일 내가 느끼고 생각하는 것을 다른 누군가와 나눌 수 있다. 그런 환경은 이미 충분히 여러 방면에서 제공되고 있다.

블로그에 들어가 글쓰기를 누르면 바로 글을 써서 나눌 수가 있다. 그리고 인스타그램, 페이스북, 유튜브 등 너무나 많은 채널이 모두에게 공평하게 열려 있다. 그런데 98%의 사람들은 자신이 생각한 것을 나누지 않는다. 끊임없이 인풋만 하려 하고, 다른 사람들이 하는 활동을 지켜만 본다. 아무런 창조 활동을 하지 않으니 에너지가 올라갈 수가 없다.

자신의 이야기를 하는 사람은 세상에서 가장 큰 동기 부여가로 활동하고 있다. 오프라 윈프리(Oprah Winfrey)는 험난했던 자기 인생 경험을 나누며, 많은 사람에게 위로를 주었고 동기 부여 강사가 되었다. 그런데 사람들은 자신은 그런 사람이 될 수 없을 것이라고 잠재의식 속에서 은연중에 단정 지어버린다. 나의 인생은 다른 누군가의 희망이다. 나와 비슷한 상황에 있는 사람들에게 용기를 줄 수 있다. 아무리 평범한 사람이라도 매번 인생의 사소한 문젯거리를 해결하며 살아간다. 그러한 경험을 어떤 방식으로 나누는 사람들이 성공자고, 부자가 된다.

기업이 만들어진 이유는 사람들의 문젯거리를 해결해주기 위해서다. 1인 기업이든, 다국적 기업이든 마찬가지다. 눈에 보이는 제조업도, 보이지 않는 서비스도 모든 사람이 가진 문제점을 해결해주고, 더 편리하게 생활할 수 있도록 돕는 역할을 하고 있다.

내가 살아있는 기업체다

나는 걸어 다니는 기업체라고 생각하면서 나의 생각을 나누는 것부터 시작해보아야 한다. 그렇게 되기까지 아직 용기가 생기지 않는다면, 부자들이 읽는 책을 보아야 한다. 하루에도 수많은 책이 나오고 있다. 그중에 나의 삶에 도움이 되는 책을 찾고자 한다면, 성공자들의 추천 도서를 먼저 보면 좋다. 그리고 나의 관심사와 관련 있는 책들부터 읽어나가야 한다. 책 읽기는 어렵고 힘든 것이 아니라, 단순히 나의 관심사를 확장하는 일이라고 생각하며 하루에 한 줄이라도 보아야 한다. 내가 보는 세상을 또 다른 창을 통해 볼 수 있도록 가장 쉽게 접근할 수 있기 때문이다.

나는 어려서부터 글을 앞에서부터 뒤까지 차근차근 읽는 것이 어려웠다. 한 줄을 읽는데 이해하고 읽으려고 하다 보니 다시 읽고 또다시 돌아가는 적이 많았다. 그런데 초등학교 3학년이 되던 해 엄마가 생일 선물로 나에게 만화 잡지를 선물로 주었다. 《윙크》라는 제목의 만화 잡지였다. 만화책을 알고 나서 새로운 세상이 열렸다. 글 위주가 아닌 그림으로 그려진 내용 안에서 나는 글씨를 읽기보다는 그림을 통해 내가 원하는 대사들로 채워가며 대략적인 줄거리를 상상과 함께 읽어나갔다. 그렇게 매일매일 만화책을 보았다. 중학교에 올라가기 전까지 정말 많은 만화를 보았다. 잡지는 항상 용돈을 모아 꼭 사서 보았고, 만화 책방에 가서 5권씩 만화를 빌리기 위해서 용돈을 거의 만화책을 보는 데 썼다. 그래도 전혀 아깝지 않았다. 너무나 즐거웠고, 만화를 보는 동안은 정말 내가 원하는 모든 상상을 할 수 있었기 때문이다.

그렇게 상상하면서 책을 보는 습관을 지니게 되자, 중학생이 되어서는 소설책에 빠져들게 되었다. 무협 소설, 로맨스 소설, 단편 소설, 장편 소설 등 특히 시험 기간에 공부하기 싫어서 공부하는 척은 해야겠고, 도서관에 가서 소설책만 열심히 보고 왔던 기억이 난다. 학교 도서관에서 마음껏 내가 원하는 책들을 볼 수가 있었다. 책을 보는 순간만큼은 시험 걱정이 되지 않았다. 다시 현실로 돌아오면 공부해야 한다는 압박감이 생겼지만, 그래도 소설책을 보면서 즐거워진 기분 덕에 해야 할 일들을 몰아서라도 했다.

독서를 하는 데 정답은 없다. 나는 독서 초보라면 나처럼 즐길 수 있는 것들을 먼저 해야 한다고 생각한다. 만화책에 흥미가 생기면 만화를 보면 되고, 소설이 재미있다면 소설을 보아도 된다. 하지만 가장 강력한 인생의 전환점을 찾는 사람들은 성공자들의 자기계발서나 자서전을 볼 것을 권한다. 많은 사람이 자기계발서를 보고 인생이 바뀌었다고 한다. 나 또한 그랬다. 성공에 대해 갈망했던 사람들이 자신의 성공 경험담을 진솔하게 나누어 주고 있기 때문이다.

책 한 권이 인생을 바꾸기도 한다

책을 통해 인생이 바뀐 사람들이 많다. 단 한 권의 책이 주는 영향력은 정말 크다. 예수의 일대기도 제자들에 의해서 《성경》이라는 책을 통해 알려졌고, 많은 사람에게 아직도 큰 영향을 주고 있다. 전자책도 좋지만, 내가 종이책을 선호하는 이유는 눈이 편안하고 명상에 잠기기 쉽기 때문이다. 책을 보면 마음이 편해진다. 정말 읽고 싶은 책을 만나면 무아지경에 빠지는 순간들이 있다. 그리고 나의 존재가 확장되는 느낌을 받는다. 그동안 정리되지 않았던 생각이 단 하나의 원리로 단숨에 정리되는 한 줄을 만나기도 한다.

그동안 나는 중학교 때부터 '왜 살아야 하나? 사람은 무엇으로 사는가?'에 대한 질문을 던졌다. 어린 나이였지만 가장 나에 대해서 질문이 커지는 시기였기 때문이다. 그 답을 얻은 것은 앞서 이야기한 《신과 나눈 이야기》였다. 내가 그동안 가졌던 모든 질문에 대한 답이 이 책에 모두 있었다. '우리는 모두 하나다'라는 메시지를 전해주는 《신과 나눈 이야기》 1권은 나에게 정말 의미가 깊은 책이다. 내가 만나는 모든 사람, 환경이 다 내가 주체가 되어 만들었다는 사실에 전율이 일어났다.

그리고 정말로 내가 원하는 꿈과 세계적인 사명까지 분명하게 세울 수 있도록 도와준 책이다. 닐 도날드 월쉬가 정말로 인생 최악의 상황에 부르짖었고, 그가 받은 응답이 담긴 책이다. 나 또한 그가 받은 응답을 통해 내 안에 있는 근원인 존재가 나에게 말을 걸어왔다. 그렇게 나의 삶을 항상 책을 통해 계속해서 끊임없이 확장 중이다.

부자는 독서에 강하다. 많은 사람과 함께 있을 때도 에너지가 넘치지만, 혼자 있는 시간 또한 즐길 줄 안다. 자신과 대화하고, 책에 적힌 많은 아이디어를 자신의 것으로 만드는 사람이다. 내가 알고자 하는 분야나 흥미로운 분야가 있다면 그 분야에 관한 책들을 무조건 많이 보는 것부터 해보아라. 잘 읽히는 책부터 읽어나가라. 읽히지 않으면 억지로 읽을 필요가 없다. 지금 나에게 필요한 정보가 아니라는 신호이기 때문이다. 술술 읽히는 책을 먼저 보면서 독서가 숨 쉬듯이 자연스러워져야 한다.

공식 8
그들은 유대인 자산배분법을
이미 알고 있다

잃지 않는 투자의 기본은 분할 투자다

유대인들이 돈에 관련된 일을 한 역사가 4000년이다. 유대교의 특징 중 가장 기억에 남는 점은 신과 자신이 계약했다고 믿는다는 것이다. 율법을 철저히 지키면 신 또한 자신이 원하는 모든 것을 해준다고 생각한다. 그러므로 유대인들을 '계약의 민족'이라고 부른다. 그들은 계약서를 철저히 작성해야 한다고 생각한다. 그래서 아이들을 가르칠 때부터 문자를 반드시 익히도록 했기 때문에 유대인 교육법도 유명하다. 오늘날은 문맹률이 낮지만, 오래전 사람들은 노동만 하면서 살아가도 되는 신분 계층이 많았으므로 문맹률이 굉장히 높았다. 그래서 계약서를 작성하기 위해서는 반드시 유대인이 필요했다.

유대인들은 돈에 대해서 가지고 있는 인식 또한 다른 종교와 다른 특징을 가지고 있다. 유대인들은 대대로 돈을 '신의 축복'이라고 가르친다. 그래서 종교 전쟁이 일어나던 시기에 항상 돈에 관한 일은 유대인들이 맡아 왔다. 기원전 2000년 전부터 돈을 다루는 일을 한 것이다. 우리가 알고 있는 상업의 발달은 무역이 활발해졌던 대항해시대부터다. 무역의 기본은 대금을 치르기 전 계약을 통해 물자를 먼저 배달해야 하는데, 유대인들끼리는 서로 상호 간의 계약을 철저히 믿는 관행이 있었다. 여러 나라에 흩어져 살던 유대인들은 무역업의 발달과 주식회사, 은행업의 발달의 기본인 신용사회를 만드는 데 가장 크게 기여했다.

유대인들은 12살이 되면 자녀에게 5,000만 원의 돈을 물려주며 자산 배분법을 가르친다. 가장 기본이 되는 주식/채권/금/달러의 자산 배분이다. 하나의 자산을 가지고 가는 것이 아니라, 상호보완이 되는 자산 파이프라인을 가지고 가면서 '잃지 않는 투자'를 알려준다. 세상은 언제나 파동을 그리며 우상향한다. 내가 투자하며 깨달은 가장 큰 진리는 모든 것이 파동이라는 것이다. 사람도, 시장도, 모든 물체는 진동한다. 그리고 그 파동이 커질 때와 작아질 때가 있다. 그러니 파동 속에서 투자하고, 사업을 하는 사람들은 이 점을 반드시 기억해야 한다. 나의 자산을 소중하게 지키고 싶다면 항상 파동이 다르다는 것을 인식하고, 현명하게 자산 배분 투자를 할 줄 알아야 한다.

유대인들을 통해서 자산배분의 중요성을 알았다. 그리고 현금의 중요성도 알게 되었다. 내가 가장 좋아하는 투자법이 바로 시장에 대한 투자다. 개별 종목에 대한 투자는 위험도가 커서 너무 큰 파동을 가지고 있다. 그리고 시대가 도와주지 않으면 종목은 반드시 소멸하게 되어 있고, 다시 또 새로운 종목이 나타나게 되어 있다. 그러니 시장에 대한 가장 큰 흐름에 투자하면서 사라지지 않는 파동에 투자하고 싶었다. 그래서 나는 내가 가진 돈에서 3분할로 쪼개어 투자하는 것을 선호한다. 3분할 투자법은 가진 돈을 한 번에 투자하는 것이 아니라 철저히 분할 매수하는 방법이다.

직장에 다니면서 주식 창을 계속 볼 수 없으므로 가장 마음이 편한 시장 지수를 내가 원하는 시기에 3분할 매수를 진행한다. 이렇게 하는 데는 많은 시간이 필요하지 않다. 개별 종목이 아니기 때문에 매일 시장에서 벌어지는 모든 이슈를 알아야 할 필요도 없다. 시장은 매번 여러 이슈 때문에 흔들리지만, 결국 사라지지 않는다. 시장이 사라진다는 것은 인간이 모두 사라진다는 것을 의미하기 때문이다. 나는 세상에 존재하는 모든 존재는 확장을 원한다는 사실을 알고 있다. 그러므로 한 직장에 오래 있으면 영혼이 답답해한다. 창조력을 가지고 있는 사람은 현실에 얽매여 있으면 결국 가슴이 답답해지기 마련이다.

자산 배분 투자법을 알고 나서 정말 기뻤다. 포트폴리오 비주얼라이저 사이트(https://www.portfoliovisualizer.com)에는 자산 배분 투자의 수익률이 모두 나와 있다. 전쟁이 나고, 금융위기가 왔던 시기에도 견고하게 우상향하고 있다.

나는 한국에서 투자를 시작한 투자자이기 때문에 이 자산 배분법을 통해 미국과 한국 시장에 가장 효율적인 투자를 하고 싶었다. 돈을 모으는 능력과 불리는 능력을 모두 가진 투자자가 되고 싶었다. 새마을금고를 다니면서 투자를 했기 때문에 일반적인 직장에 다니는 다른 사람들보다 금융에 관심이 많고, 바로바로 실행할 수 있는 용기와 확신도 있었다. 매일 돈을 다루는 직업을 가지고 있었으니, 이제는 남의 돈이 아닌 내 돈을 움직이고 싶은 욕망도 컸다.

부동산과 금은 실물 자산이었고, 금융자산의 대표인 주식과 채권은 알면 알수록 투자에 가장 큰 도움이 되었다. 특히 채권 강의를 해주는 한국경제신문사의 강의는 내 투자의 일대기를 바꾼 강의였다. 채권은 주식 시장보다 자금이 5배 이상 컸다. 그러니 큰 자금들이 움직이는 채권 시장이 오히려 합리적으로 움직이고 있었고, 주식 시장은 이리저리 휩쓸리는 이슈에 따라 중심을 잡지 못할 때가 많았다. 뉴스는 매일 몇천 개씩 쏟아져 나오는데, 모든 뉴스를 읽는 것은 불가능했다. 그렇게 뉴스를 볼 때면 항상 불안감이 더 커지기도 했다. 내가 투자에 확신을 두고 실행에 옮길 때 정말 큰 적이 뉴스였다. 뉴스는 항상 부정적인 이슈들을 더 크게 확대 재생산했기 때문이다.

용기를 내야 할 때는 두려움을 더 크게 부각하고, 두려움을 가져야 할 때는 욕망을 자극했다. 그래서 많은 투자 현인들이 뉴스 대신 책을 본다고 한 것이다. 그들은 자신의 중심을 잡고, 남들의 소리에 귀 기울이는 것이 아니라 자신의 판단대로 행동했다.

판단 기준을 명확히 하라

자신의 기준점이 있는 사람들은 합리적인 판단을 내릴 수 있다. 그런데 기준점이 없다면 판단조차 내릴 수 없어 쫓아다니기 바쁘다. 다른 사람의 의견에 따라 투자하면 가장 큰 적이 바로 자신이 된다. 내가 내린 판단이 아니기 때문에 계속 흔들리기 쉽다. 결국 흔들리는 투자자는 돈을 벌지 못한다. 돈을 버는 사람들은 자기 생각대로 행동하는 사람들이다.

유대인들은 역사상 가장 많은 돈을 가지고 있다. 그렇지만 그들은 자신의 지혜를 책을 통해서나 인터넷상에 많은 방법으로 나누어 주고 있다. 그런데 아직도 그들의 방식을 편견으로만 다가가는 사람들이 많다. 빠르게 경제적 자유를 원한다면 배워야 할 점은 배워야 한다.

돈을 불리고 늘리는 데 있어서 가장 큰 힘은 돈의 움직임을 이해하는 것이다. 돈의 움직임을 관찰하고 생각하는 대로 움직일 수 있어야 한다. 그러한 움직임을 보고자 한다면 유대인들이 어떻게 투자하는지부터 알고, 나의 자산도 똑같이 움직여 보아야 한다. 예전에는 큰돈이 있는 사람들만 가능했지만, 지금은 적은 돈으로도 실행할 수 있도록 ETF라는 21세기 가장 큰 금융혁신상품이 생겼다. 시장 지수에 대한 투자와 채권에 대한 투자를 단돈 10만 원만 있어도 가능하게 해주었다. 그러니 돈이 없어서 투자를 못 하고 재테크를 할 수 없다는 생각은 버려라. 돈이 없을수록 더 빠르게 재테크를 실행해야 한다.

공식 9
하루 10분 경제 뉴스 보기는 필수다

세상에 정보는 많다
내가 종합해 판단하는 사고를 하는 것이 중요하다

뉴스를 볼 때는 정해진 시간에만 보자. 나는 출근하는 시간을 활용했다. 그리고 여러 뉴스를 본 것이 아니라 '인베스팅닷컴'이라는 앱을 통해서 보았다. 인베스팅닷컴은 세계 주요 시장과 주식, 채권, 원자재, 암호 화폐, ETF 등의 움직임을 실시간으로 보여준다. 앱을 설치해서 뉴스 칸을 누르면, 투자에 관련한 뉴스들만 모아서 보여주고 있다. 그러므로 모든 뉴스를 보는 것이 아니라, 아침에 일어나 출근하는 동안 어떤 이슈들이 시장에 지배적인지 제목을 훑어보는 것부터 시작한다.

그리고 뉴스 중에서 이번 주 주목할 이슈, 오늘의 이슈를 들어가서 정리된 뉴스 하나만 보면, 시장에 영향을 주고 있는 이슈를 한눈에 파악할 수 있다. 여기서 인베스팅닷컴 뉴스의 엄청난 강점이 있다. 뉴스 안의 기사 중 파란색 링크가 걸려 있는 단어들이 있는 S&P500이라던가, 원유, 천연가스 등 지표로 바로 이동이 가능하다는 점이다. 뉴스에서 말하는 것들이 직접 지표로 나타난 시스템이 모두 구축되어 있다. 하지만 뉴스 기사를 쓴 기자는 목적을 가지고 뉴스를 쓸 수도 있다는 점을 기억해야 한다. 그들이 가진 의견을 그대로 받아들이는 것이 아니라, 내가 직접 지표를 통해 눈으로 확인 후 시장의 반응을 생각해보아야 한다.

실제로 FOMC 발표나, 미국의 중앙은행인 연준의 파월(Powell) 의장의 발언을 실시간으로 뉴스 기사로 내보내는데, 이에 따라 투자자들의 반응이 시장에 그대로 나타나고 있다. 그런데 뉴스 기사들의 해석대로 시장이 반응할 때도 있고, 결국 지표에 따라 정상화될 때도 있다. 이러한 점을 알고 있는 투자자들은 자신이 겪어온 투자 스타일대로 지표를 해석하는 능력을 지니고 있다. 그런데 이러한 능력은 한 번에 생긴 것이 아니라, 꾸준히 시장을 관찰하고, 투자 경험을 통해 가지게 된 것이다. 그런데 한 번에 이러한 것을 모두 가지고 싶어 하는 투자자들은 그저 뉴스가 말하는 대로 투자해버린다. 그래서 모두가 팔 때 공포를 느끼고, 모두가 살 때 욕심을 가지게 된다.

경제 뉴스를 보는 힘은 내 생각을 가지게 해준다. 내가 어떤 일을 하든지 경제와 돈의 흐름을 보는 시각은 큰 힘이 된다. 경제 뉴스가 처음에 어렵다고 느끼는 이유는 간단하다. 내가 자주 보던 용어가 아니기 때문이다. 원래 만만해 보이는 것은 내가 자주 보았기 때문인데, 경제 용어는 용어 자체가 난해하고 처음 보는 것투성이다. 나 또한 고등학교 시절부터 시사 용어에 대한 로망이 있었다. 그래서 시사 토론 동아리에 들어가 신문 기사들을 가지고 토론하는 동아리에서 활동했다. 처음부터 끝까지 난해하고 알 수 없는 용어들이 많았지만, 3년 내내 사회자로 활동하면서 많은 용어가 친숙해졌다. 그리고 대학교를 점수 맞추어서 간 학과가 경영학과였다. 경제학을 기본적으로 같이 들어야 했기 때문에 나의 모든 환경이 금융 용어 및 기업 용어와 친숙해질 수밖에 없는 환경이었다.

설명해보는 것이 가장 큰 공부다

그러니 나의 강점은 직장인, 주부, 아이들에게 쉽게 용어를 설명해주는 새마을금고에서 금융을 강의하면서 드러났다. 학교에서 직업 체험을 강의하면서 주식과 채권, 저축에 대한 것을 풀어서 설명해주었고, 내가 알고 있는 용어들을 좀 더 쉽게 알기 쉽고 와 닿도록 설명하는 일을 계속해왔다. 그렇게 내 꿈이 커졌다. 많은 사람이 쉽고 단순하게 재테크를 할 수 있도록 돕고 싶었다. 그리고 수많은 사람이 오는 글로벌 강연장에서 동기 부여가로, 재테크 전문가로 강연하고 싶었다. TED 강의를 보면서 나 또한 힘을 얻었고 동기 부여를 받았다. 그래서 그런 사람이 되고자 지금도 달리고 있고, 직장생활을 하면서도 꿈을 놓지 않았다. 내 인생을 책임질 수 있는 사람은 오직 나뿐이라는 사실을 알았기 때문이다. 나폴레온 힐(Napoleon Hill)의 책 제목처럼 《놓치고 싶지 않은 나의 꿈 나의 인생》이 내 삶의 큰 모토다.

경제 뉴스가 보기 어려운 분들에게 가장 쉬운 방법으로 한 가지 권하고 싶은 활동이 있다. 〈한국경제신문〉이나 〈매일경제신문〉은 전자신문으로 읽을 수 있다. 모바일 버전으로 보면 제목들을 쭉 훑어볼 수가 있는데, 자신의 블로그에 경제 신문 첫 페이지 이미지를 올리고, 내가 관심 있게 본 기사 하나에서 두 개 정도를 가지고 마음대로 생각을 써보는 것이다. 처음에는 시간이 오래 걸릴지도 모른다. 하지만 점점 더 익숙해지면 빠른 시간 내에 해낼 수 있다.

경제 뉴스가 어려운 것이 아니라 어렵다고 판단하고 멀리하는 것부터 바꿔야 한다. 단숨에 바꿀 수 있는 2가지 해결책을 제시하겠다. 일단 이 책을 보는 도중 책을 덮어 두고, 인베스팅닷컴 앱을 설치하라. 그리고 매일 아침 제목을 훑어보아라. 그리고 궁금증이 생긴 단어가 생기면, 네이버에 검색해 한 단어라도 나의 눈에 익숙하게 만들면 된다.

그리고 〈한국경제신문〉이든, 〈매일경제신문〉이든 하나의 뉴스를 전자신문 형태로 구독 신청하고 캡처를 떠서 블로그나 SNS에 간단히 자기 생각을 정리해보아라. 처음에 한 문장이 '경제 신문 읽기를 시작했다. 아직 아무것도 모르겠다'여도 좋다. 그 글을 본 많은 경린이들이 힘을 얻을 것이다. 당신의 행동 하나, 생각 하나가 누군가에게는 힘이 되고 행동할 수 있는 트리거(Trigger)가 된다. 그러니 당당하게 자신을 드러내기 시작하라. 지금과 같은 온라인 시대에는 내가 나를 정의하는 것이 아주 중요하다. 나는 지금부터 경제와 친한 경제 전문가이자 돈의 흐름을 읽는 안목을 가진 사람이라고 정의하고 하나씩 밖으로 드러내기 시작하자.

4장

최단기간에
1억 원 만들기 전략 6단계

1단계
재테크 목표 세우기 –
3년 안에 1억 원을 만들겠다고 선언하라

확언하는 사람은 다른 사람들이 망설일 시간에
계단을 오른다

지그 지글러(Zig Ziglar)의 책《정상에서 만납시다》에는 목표의 중요성이 여러 번 나온다. 한 예시로 많은 사람이 농구를 잘하고 싶어서 끊임없이 농구공을 던지는데, 알고 보니 농구 골대 없이 연습하는 사람들이 목표 없이 열심히 사는 사람들이라는 비유가 나온다. 그러니 성취도 없고, 성장도 없다. 작은 성취라도 이룬 사람들은 모두 자신의 농구 골대를 바라보면서 농구공을 던진다. 그래서 가까운 거리에서 성공하면 더 멀리 더 높이 목표를 바꾼다.

처음 직장에 들어가게 되면, 월급을 어떻게 사용할지 막연한 생각이 든다. 첫 월급으로 부모님께 선물을 드리고, 꿈에 부풀어 직장생활을 시작하게 된다. 그런데 직장생활을 하다 보면 매일이 난관이고, 스트레스를 풀어나가는 일의 연속이 되기 일쑤다. 아무 생각 없이 월급을 사용하다 보면 매일 카드값을 내기도 바빠진다. 그렇게 시간이 흘러 직급은 올라갈지 모르지만, 통장 상황은 나아질 기미가 보이지 않는다.

한 직장에 자리를 잡게 되면 라이프 사이클에 따라 대부분은 인륜지대사의 한 부분을 겪게 된다. 결혼을 하게 되는 경우, 보금자리 마련을 위해 빚부터 지게 되는 경우가 다반사다. 내 집 마련, 전세, 월세 등 자신의 형편에 맞게 은행과 함께 신혼생활을 시작하게 된다. 여기서 우리는 정말 커다란 장벽을 만난다. 그동안 부모님들도 자세히 알려주지 않았던, '부동산'이라는 커다란 자산에 대한 장벽이다.

월급으로 모은 돈으로 턱없이 부족한 내 집 마련의 현실에 부딪히는 것이다. 그래서 차선책을 통해 신혼생활을 시작하게 된다. 누구나 꿈꾸는 청약을 위해 전략도 짜보지만, 하늘의 별 따기처럼 어려운 청약 당첨의 꿈을 이루기 위해 자녀 계획도 그에 맞추어야 하는 부부도 많다. 그런데 우리가 정말 이 자본주의 사회에 살면서 놓치고 있는 중요한 부분이 있다.

내가 살아가는 시대, 자본주의를 알고 있는가

자본주의 사회는 누가 이끌어가고 있는가. 그 해답을 알기 위해서는 EBS에서 방영한 〈자본주의〉 다큐멘터리 중 1부를 반드시 보아야 한다. 책으로도 볼 수 있고, 유튜브에 검색하면 바로 맨 위에 뜬다. 10년 전 만들어진 다큐멘터리이지만, 우리가 자본주의를 이해하는 데 가장 큰 해답을 제시해준다. 은행 시스템은 지금은 너무나도 자연스러워서 모두가 당연하다는 듯이 생각한다. 돈을 벌면 은행에 저축하고, 돈이 필요하면 대출받는다. 그리고 돈이 들어오는 월급 통장은 내가 소비하는 상황마다 알아서 빠져나가는 입출금 통장을 통해 나의 모든 거래기록이 은행을 통해 이루어진다. 이러한 은행 시스템을 보면, 우리는 자본주의 속에서 살아가지만, 누군가는 이 은행 자본주의를 자신의 편으로 만들어 승리자로 살아가고, 누군가는 이용당해 패배자로 살아가기도 한다.

내가 아는 만큼 세상은 나를 위해 움직인다. 내가 은행원이 되기로 생각을 정한 후 보았던 영화 중 〈멋진 인생〉이라는 영화를 교회에서 다 같이 대강당에서 보았다. 참 신기한 일이다. 나는 그 당시 취업 준비생이었고, 어디든 기댈 곳이 필요했다. 그래서 교회를 열심히도 나갔다. 지금은 내 중심에 신이 함께하고 있음을 알기에 교회에 나가지 않는다. 종교가 아닌 신을 믿기 때문이다. 하지만 당시 내가 교회를 다니면서 보았던 1940년대에 개봉한 〈멋진 인생〉이라는 영화는 정말 기억에 남는다.

영화의 주인공인 조지는 아버지가 돌아가시고 마을의 작은 협동조합을 운영하게 되는데, 마을 사람들이 자기 집을 짓고 살아가는 데 필요한 도움을 주면서 이자를 받는 금융협동조합이다. 내가 다녔던 새마을금고나, 농협, 신협과 같은 역할을 하는 곳이라고 이해하면 된다.

그런데 마을에 큰 자금을 가지고 들어온 시중 은행의 주인인 헨리 포터에 의해 조지의 금융협동조합은 큰 위기에 빠지게 되고, 결국 궁지에 몰린 조지는 자살을 선택하며 신에게 도움을 구한다. 그래서 그 기도를 들은 신은 조지에게 자신이 없는 마을의 미래를 보여준다. 자신의 꿈을 현실화하기 위해 노력했던 마을 사람들은 점점 더 궁핍해지고, 자본주의의 노예가 되어 어쩔 수 없이 택한 직업을 통해 영혼이 피폐해져 간다. 그리고 조지 베일리가 다시 돌아가 자신의 마을을 위해 금융협동조합을 일으키고, 마을 사람들이 자신들의 꿈을 위해 하는 사업과 집을 짓는 데 돈을 융통해주기 시작하자 마을은 다시 생기를 찾는다.

금융이 가진 힘

나는 이 영화를 통해 진짜 금융의 힘을 깨달았다. 아프리카 사람들은 자선을 원했던 것이 아니라, 자신들이 꾸려갈 농업과 사업의 초기자금을 빌려줄 은행이 필요했고, 진정한 마을 은행들은 적은 이자로 그들이 원하는 것을 실행할 힘이 되어 주었다. 그리고 독일과 같은 선진국의 가장 큰 은행은 협동조합의 형태로 각자의 마을에서 나오는 돈이 다시 그 마을을 위해 일하도록 움직였다. 내가 다닌 새마을금고에는 출자금 통장이라는 게 있다. 출자금 통장을 만들면, 그 새마을금고의 협동조합원이 된다. 그래서 저축하는 자금의 3,000만 원까지 세금 혜택을 준다. 그냥 은행에서 적금이나 예금을 가입하면 15.4%의 세금을 자동으로 제하고 이자를 받게 된다. 그런데도 많은 사람이 자신의 주거래 은행에서 저축하며 세금을 모두 내고 저축하고 있다. 그런데 우리나라 은행이라고 믿고 있는 은행들의 주식 소유주를 보면, 2023년 7월 27일 기준, 국민은행(KB금융)의 외국인 지분율은 72.41%다.

국민은행(KB금융) 외국인 소진율

2023년 7월 27일 기준, 우리나라 전체 기업 중 코스피 16위에 달하는 대기업인 KB금융에서 발행한 주식의 72.41%가 외국인 소유라는 이야기다. 그러니 우리가 열심히 저축하고 대출을 통해 벌은 소득이 외국으로 빠져나가고 있다는 점을 반드시 알고 있어야 한다. 선진국은 이 사실을 모두 알고 있으므로 자기 나라 협동조합의 중요성을 알고 있고 힘을 실어 주고 있다.

아직 협동조합이 많은 국민의 신뢰를 받지 못하는 데는 협동조합 자체도, 정부도, 국민도 모두 더 큰 비전을 보고 있지 못하기 때문이라고 생각한다. 우리나라가 정말로 선진국 반열에 들기 위해서는 금융

서비스업의 발전이 꼭 필요하다. 금융(Finance)의 어원인 라틴어 'Finis'는 이미 답을 알려주고 있다. 끝을 의미하는 Finis는 목표를 위한 발판을 마련해주고 있다. 나는 '처음 시작은 미약하나 그 끝은 창대하리라'는 문장을 정말 좋아한다. 누구나 처음에는 모르기 때문에 실수도 하고, 어설프게 시작하게 된다. 하지만 자신의 꿈을 이루기 위해 노력하는 사람들은 어떤 장애물이 와도 목표를 향해 달려 나간다. 그곳에 금융의 도움이 있다면 더 크고, 더 빠르게 성공 길을 갈 수가 있다. 그런데 금융업이 발달하지 못한 나라에서는 도전하는 사람들이 한번 실패하면 다시 일어서서 복귀하기가 너무나 어렵다. 세계 금융업의 순위를 보면, 우리나라 은행은 우간다 은행과 비슷한 순위권에 있다. 너무나 아픈 현실이지만 직시해야 할 사항이다. 우리가 세계 금융 자본주의에 속하게 된 1998년 이후 우리는 우리의 것을 너무나 많이 잃어왔다. 문화를 강하게 지켜 온 힘처럼 금융에서도 우리는 우리의 힘을 키우고 지켜야 한다.

이 모든 것이 나로부터 시작된다. 내가 스스로 3년 안에 1억 원이라는 자본금을 만들겠다는 구체적인 목표를 세움으로써 시작될 수 있다. 나의 금고가 우리나라의 국고다. 나라는 인재를 가진 한국이라는 나라는 전 세계에서 가장 강력한 힘을 가진 나라가 된다는 믿음을 가져야 한다. 나의 꿈이 우리나라의 미래다.

2단계
나의 재무제표를 작성하라

대부분 사람은 현금흐름표의 삶을 살고 있다. 쉽게 말해서 얼마를 벌었는지와 얼마를 썼는지에 집중하는 삶을 산다는 것이다. 어려서부터 적어 보라고 하는 용돈 기입장이나, 가계부가 바로 이런 현금흐름표를 작성하는 것과 같다. 그런데 부자들은 자신의 현금흐름에 집중하지 않는다. 얼마를 썼는지 영수증을 보기보다는 한 달 자신의 자산이 늘었는지만 체크한다. 자산에 집중하는 삶은 재무제표의 삶이다.

재무제표는 자산=부채+자본의 기본적인 형태를 가지고 있다. 결혼하고 나서 재무제표를 한번 파악해보고 싶었다. 곧바로 인터넷에서 기본적인 개인 재무제표 엑셀 표를 다운 받아 작성했다. 그리고 프린트 해보았다. 어떤 문제점이 있는지 바로 파악이 가능했다. 나는 모든 현금흐름을 재무제표의 삶으로 바꾸기로 하고 나서, 부채와 자본을 이용해 자산을 늘리는 데 집중하기로 했다.

2가지 형태의 자산 이해하기

자산에는 2가지 형태가 있다. 눈에 보이는 실물 자산과 보이지 않는 금융 자산이다. 내가 자신이 있는 분야는 보이지 않는 주식 및 채권과 같은 금융 자산이었다. 그리고 잘 모르는 분야인 부동산과 금, 원자재에 대한 자산을 늘리기 위해서는 어떤 방식으로 접근해야 할지 감이 잡히지 않았다. 그래서 실제로 부동산과 원자재를 투자하는 강사들에게 배우기로 결심하고 강의를 들었다. 그리고 실제로 투자해보았다.

나의 첫 부동산 투자는 아파트 갭 투자, 토지 공동 투자, 오피스 월세 투자, 경매였다. 모두 책으로 보고 강의를 들은 것을 바로 실행해본 것이다. 그렇게 얻은 나의 깨달음은 나의 성향이 실물 투자보다는 금융 투자에 더 적합하다는 것이었다. 하지만 내가 아예 부동산 투자를 안 하는 것은 아니다. 해두기는 하지만 성격이 급한 탓에 자산 배분의 한 형태로, 나의 자산의 안정성을 위한 한 부분으로 생각한다.

원자재 투자는 직접 해보니 변동성이 가장 컸다. 실제로 구글 위키디피아에 나오는 버블의 형태를 경우의 수를 계산해보면 원자재 〉 환율 〉 주식 〉 부동산 〉 채권 순이다. 정말로 가장 큰 역사상의 버블은 모두 원자재였다. 주식의 역사와 함께 시작된 튤립 투기만 보아도 그랬다. 원자재는 예상치도 못하게 미친 듯이 뛰어올랐다가 떨어지기를 반복하는 시장이었다. 그래서 나는 금을 사서 모으는 방법만이 원자재 투자에서 가장 안전하다는 결론을 내렸다. 하지만 성격상 집에 금을 모아두는 것보다는 거래 자체를 좋아하는 성향 때문에 우리 집에는 금이 별로 없다. 하지만 부자 중에 금을 많이 가지고 있는 부자는 많이 보았기 때문에 자산 배분의 안전한 한 형태로 생각한다.

금융 자산에 대한 투자에도 장단점이 있다. 장점으로는 빠른 회전율 매매를 할 수 있다는 것이다. 유동성이 좋은 만큼 투자자의 판단에 따라 쉽게 사고팔 수 있기 때문에 감정적인 투자를 항상 유의해야 한다. 한마디로 금융 자산에 대한 투자에서 기술은 20%만 중요하고, 나머지 80%는 마인드와 감정이다. 투자 결정을 내릴 때 감정이 정말 중요하다는 것을 제대로 이해하기까지 정말 오랜 시간이 걸렸다. 감정을 조절한다는 것은 인간인 이상 정말 불가능에 가깝다. 순간적인 감정이 모든 이성을 마비시키기 때문에 세상은 항상 이렇게 다이내믹하게 펼쳐진다.

금융 자산에 대한 투자에서 감정조정을 제대로 하기 위해서 가장 필요한 것이 있다. 바로 '분할 매수'와 '자산 배분'이다. 이러한 자신만의 원칙을 확실히 하기 위해서 훈련하는 시간이 필수다. 진정한 경제적 자유를 원한다면 대부분 시간을 투자와 사업에 대한 파이프라인 구축에 쏟아야 한다.

머니 트리 작성이 첫 시작이다

내가 발을 굴리지 않아도 돈이 흘러오도록 만드는 파이프라인 건축은 처음에는 힘들고 고단해 보일 수 있다. 하지만 한번 건축해놓으면 원하는 시간에 원하는 일을 하도록 만들어주는 강력한 시스템이다. 사람들은 대부분은 이 말을 들으면 원하기는 하지만, 어떻게 시작해야 할지 고민하게 된다.

내가 처음 파이프라인을 만들기 위해서 했던 일은 어떤 머니 트리들이 세상에 존재하는지 아는 것을 적어 보는 것부터가 시작이었다. 모든 머니 트리를 적어 보고 내가 가지지 못한 머니 트리를 이미 하는 사람들이 적어둔 책을 보고 강의를 듣고 따라 해본 것이 전부다. 책을 통해서 수많은 정보를 접할 수 있었다. 나 또한 그런 사람들처럼 살고자 결심하자 실제로 그렇게 되었다.

책을 쓰고 작가가 되고 사업을 시작하고 강의했다. 그리고 투자를 끊임없이 하면서 '순환매매법'이라는 나만의 투자법을 만들었다. 그리고 사람들에게 공유하면서 유튜버가 되고, 블로거가 되었다. 인스타그램에 일상을 올리면서 많은 사람과 생각을 나눈다. 처음에 나는 그냥 새마을금고를 다니는 창구 여직원이었을 뿐이다. 직장에 다니면서 고군분투하면서 진짜 나의 삶을 살고 싶었고, 가족들과 행복한 삶을 살고 싶어 하는 평범한 직장인이었다. 그런데 왜 지금 나는 많은 사람에게 이야기하는 작가가 되어 있고, 경제적 자유를 누리며 원하는 시간에 일하고, 원하는 곳에서 좋아하는 사람들과 시간을 보낼 수 있게 된 것일까?

바로 단 하나, 파이프라인 구축에 힘을 써왔기 때문이다. 단 하나의 파이프라인이 아니라 기회가 되면 모든 파이프라인을 만들기 위해 부의 씨앗을 심었고, 성공한 멘토들의 조언을 실행했을 뿐이다.

재무제표의 삶으로 바꾸기 시작한 그때 명쾌한 답을 얻었다. 자산을 늘리기 위해서는 파이프라인 구축이 필요하다는 것, 그리고 확신을 가지고 끊임없이 실행해 나가면 반드시 내가 《파이프라인 우화》에 나오는 성공한 A가 될 것이라는 점이었다. 분명히 이 책을 보는 누군가는 인터넷에 지금 개인 재무제표를 검색하고, 엑셀에 자신의 재무제표를 그려보고 있을 것이다. 그 사람의 미래는 분명하다. 더 나은 현실이 펼쳐질 것이고, 자신의 꿈과 목표를 이룬 삶을 그려 나갈 것이다. 누구나 생각은 하지만, 결국 세상은 행동하는 사람들이 이끌어 나간다.

3단계
나의 돈 버는 시스템이 무엇인지 파악하라

나만의 돈 버는 시스템은 오직 나만 알 수 있다

많은 매체를 통해 요새 MBTI 이야기를 많이 접한다. 대학생 때 처음 해본 MBTI에서 나는 ENFP(스파크형)가 나왔다. 지금도 여전히 ENFP이지만, 가끔 상황에 따라 ENTP와 INFP가 나오기도 한다. 한마디로 아이디어가 생각나면 실행력이 좋고 상상력을 빠르게 실행하는 사람이고, 기분파, 감정파라는 이야기다. 투자하면서 T(사고형)가 강해지고, 책을 쓰면서 I(내향형)도 강해졌다. 예전에는 극단적인 ENFP에서 조금씩 다른 영역들도 보완되어왔다. 그렇게 내가 잘하는 것은 무엇이고, 못하는 것이 무엇인지를 알게 되니 투자하거나 일할 때 큰 도움이 되었다.

정말로 내가 잘 못 하는 일은 최대한 외부 시스템을 이용해야 한다. 잘하는 사람이 하도록 하되 나도 할 줄 알면 어떤 점을 해주었으면 하는지 정확하게 요구할 수 있다. 그리고 효율적으로 시간을 쓰게 된다. 잘하는 점을 최대한 살려서 효율적으로 일할 때 일의 능률도 올라가고 결과도 좋다. 그리고 다른 사람들의 결과물을 보면서 함께 성장도 하게 된다.

내가 잘하는 영역 중에서 사람들과 소통하면서 다른 사람들을 설득하는 일을 잘한다는 것을 알게 되었다. 새마을금고를 다니면서 보험 1위를 할 수 있었던 것도 이러한 나의 성향 때문이다. 내가 직접 경험해보고 좋은 것이 있으면, 다른 사람들도 행동하도록 만드는 데 큰 강점이 있었다. 결혼하고 나서 남편도, 나도 집을 거의 비우다 보니 화재 위험에 관한 생각을 하고 있었다. 그런데 새마을금고의 화재보험을 공부해보니 나에게 필요할 것 같아 바로 가입했다. 그런데 보험료를 만기에 모두 환급해주면서 나의 집뿐만 아니라 타인의 집에 피해 입힌 것, 그리고 일상적으로 많이 일어나는 누수에 대한 보상도 일상배상책임보험이 함께 가입되면서 모두 환급이 된다는 점이 너무나 마음에 들었다. 그래서 고객들에게 진심으로 이야기했고, 정말로 많은 분들이 가입했다.

보험을 청구하면서 많은 사람이 어떤 질병이나 사고에 대해 많이 노출되는지를 알게 되니 나이대와 직업에 따라 정말로 필요한 것이 무엇인지를 알 수가 있었다. 그래서 굳이 가입하지 않아도 되는 보험과 꼭 필요한 보험이 무엇인지 가입자의 상황에 맞추어 생각하게 되니 진심으로 말을 하게 되었다. 그래서 내가 가지고 있는 보험도 많았지만, 실제로 내가 말하는 모든 말에 힘이 실렸고 사람들은 믿고 가입해주었다. 그래서 모든 영업의 기본이 진심임을 알고 있다. 내가 써보고 좋은 것과 좋아서 하는 것에 힘이 실리게 되어 있다. 실제로 돈만 보고 영업을 하는 사람들은 결국 오래가지 못한다.

작은 성취가 모이면 큰 성취가 된다

진짜 빠르게 부자가 되고 싶다면 실적에 따라 보상받는 직업을 택해야 한다. 나는 어려서부터 선택한 업종이, 돈을 벌어야 하는 입장에서 선택한 것이 모두 영업이었음에 감사하다. 돈을 벌기 위해 학생 시절에 마트 시식 코너에서 일하면서 사람들이 내가 말하는 이 제품을 사기 위해서는 무엇을 어필해야 할지 본능적으로 알게 되었다. 어린 나이에 열심히 제품 시식을 권하면서 지나가는 사람들이 모두 나를 봐주기를 원했다. 내가 파는 제품이 아니라 나는 내 자신을 어필했다. 실제로 사람 만나는 것을 좋아하고, 성취감을 주는 일을 좋아하는 나에게 마트 시식 코너의 일은 정말 새로운 세상이었다. 많은 고객이 열심히 일하는 모습이 보기 좋아서 내게 제품을 구매하는 것이라는 말을 해주었다. 그래서 23살에 알게 된 점은 사람들은 모두 무언가를 구매하고 싶어서 마트에 오게 되고, 자신에게 어떠한 경험과 감정을 불러일으키는 상품을 구매하게 된다는 어렴풋한 영업의 본질을 깨닫게 되었다.

지금 와서 생각해보면 1인 창업을 시작할 때도 딱 1가지 정말 중요한 포인트가 행동을 할 수 있게 해주었다. '문제점을 파악하고 해결해주는 사람이 사업가'라는 말이었다. 브랜든 버처드(Brendon Burchard)의 《백만장자 메신저》라는 책을 보면, 누구나 메신저로 살아갈 수 있는데 3가지 유형의 메신저가 나온다. 첫 번째는 자기 경험을 통해서 누군가의 문제점을 해결해주는 메신저, 두 번째는 성공한 사람들의 사례를 토대로 메시지를 전달하는 메신저, 세 번째는 조사와 연구 기반을 통해 깨달음을 주는 메신저다.

스스로 결심한 순간부터 메신저의 삶을 살 수 있다고 이 책은 많은 사람에게 말한다. 실제로도 그렇다. 지금까지 눈에 띄게 이룬 것이 없어서 못 할 것이라는 생각을 하고 있다면, 지금 성공한 사람들도 모두 마찬가지였다는 사실을 기억해야 한다. 이 책은 책 자체에 질문과 답에 대한 형식으로 이루어져 있어 직접 메모하면서 어떤 유형의 메신저가 될 수 있는지 구체적으로 생각해보게 한다.

경험과 지식이 돈 되는 세상

모든 사람의 경험과 지식이 돈을 버는 시스템 그 자체다. 누구나 메신저로의 삶을 살 수 있다. 그런데 자기 자신을 아직 모를 뿐이다. 그러니 먼저 걸어간 사람들의 이야기를 그냥 흘려듣지 말자. 내가 아직 저평가된 우량주라는 사실을 안다면, 자기 자신을 믿어줄 사람은 오로지 자신뿐이다. 힘들게 실행해서 옮겼지만, 바로 성과가 나오지 않거나 주변인들의 만류에 수도 없이 부딪힐 수도 있다. 하지만 그때마다 잠들기 전 스스로 손을 머리에 올려 쓰다듬어 주어라. 잘하고 있다고 대단하다고 스스로 칭찬해주어라. 매일 밤 나를 쓰다듬는 나의 손길이 나의 힘이자 응원이다. 그리고 나 자신을 믿는 힘으로 나를 더 드러내고, 많은 사람의 힘이 되고 용기가 되는 것이다.

나의 약점까지도 누군가에게는 희망이 될 수 있다. 내가 아는 많은 작가가 용기를 내어 자신의 치부를 드러냈다. 누군가는 이혼을 3번이나 하고 이혼에 관한 책을 써서 정말로 자신의 자유를 위해 이혼하고 싶어 하는 사람들에게 메시지를 전달하고 있다. 그런데도 나는 정말로 아무것도 없는 존재라고 생각한다면, 그냥 그 속에서 지내다가 어느 날 문득 찾아온 질병이나 사고로 정말 이대로 살 수는 없다고 하는 강렬한 마주침을 만날지도 모르겠다. 내 안의 진정한 나, 근원은 항상 우리를 이끌어준다. 정말로 우리가 이 세상에 태어나고자 했던 진짜 뜻을 만날 때까지 어루만져주고 자극을 주며 시련과 기회를 준다. 그러니 더 큰 자극이 오기 전에 먼저 알아차려라. 돈을 벌고 부를 이루는 것은 당연한 나의 권리다. 그리고 그것을 깨닫고 나의 가치를 먼저 알아차려라.

4단계
단기 목표로 세분화하라

바로 행동할 수 있게 해주는 세분화의 힘을 이용하라

직관에 따라 행동하기를 좋아하는 사람들은 목표를 세분화하는 데 어려움을 겪는다. 당장 하고 싶은 것을 저지르기는 하는데 어떤 행동을 구체적으로 해야 하고, 꾸준히 해야 하는지 감이 잡히지 않는다.

학생 시절 꿈이 무엇이냐고 물으면, 나는 대답을 할 수가 없었다. 도대체 내가 무엇이 되고 싶은지 알 수가 없었기 때문이다. 그런데 남들의 시선을 신경 쓰기 시작한 사춘기 이전에 초등학교 3학년 때는 꿈이 있었다. 당시 나는 시인이 되고 싶다고 생각했다. 그리고 작은 노트하나에 나만의 시를 창작했다. 노트가 전부 찰 때까지 구름, 지구 등에 대한 시를 쓴 기억이 난다. 그리고 처음으로 시 창작 대회에서 장려상을 받아 나의 시가 학교에 전시가 되었다. 그때의 기분이란 정말 말로 표현할 수가 없었다.

그 시의 전부는 기억하지 못하지만, 제목은 기억하고 있다. '지구가 아파해요'라는 제목으로, 당시 나의 가장 큰 관심사였다. 왜 어른들은 쓰레기를 버리지 말라고 하면서 내가 지나다니는 모든 길에 쓰레기가 있는지 이해가 되지 않았다. 그 장면을 볼 때마다 지구가 아파하고 있다고 생각해서 지은 시였다.

다른 사람의 시선을 신경 쓰기 이전에 내가 가진 진짜 꿈 중의 하나가 시인이었다. 그래서 나는 바로 실행으로 옮겨 시를 쓰기 시작했다. 당시의 내가 '시인으로 성공하겠다. 이름을 날리는 시인이 되겠다'라고 하면서 부담감을 가지고 있었다면, 바로 그렇게 시작하지 못했을 것이다. 그냥 바로 할 수 있는 것을 즐기면서 했을 뿐이다.

꿈이 생기자 세상에 보이는 모든 것이 달라 보였다. 모든 것이 시상이었고, 영감이 되었다. 대부분 자연에 관한 것이었는데, 달을 관찰하기 시작했던 것도 그 때문이었다. 토끼가 산다고 했던 달나라는 왜 보름달로 커졌다가 초승달로 작아지는지, 토끼가 사는 영토가 줄어드는 것은 아닌지 궁금해했다. 과학적인 접근은 전혀 없었다. 그냥 내가 느끼는 대로 쓰면 그 모든 글이 시가 되었다. 그래서 더 즐거웠다. 그러다가 5학년이 되어 사춘기가 오자 나는 내 꿈이 허무맹랑해 보였다. 그래서 좀 더 현실적인 꿈을 꾸기로 했다.

우리가 용기를 잃게 되는 과정

내가 현실과 타협하기 시작한 그때부터 나의 성적은 비약적으로 올랐다. 만화를 보고 놀기만 좋아하던 내가 아닌, 성적을 잘 받아 오는 학생이 된 것이다. 시험 성적을 잘 받기 위해서, 선생님이 말씀하시는 모든 내용을 놓치지 않기 위해 교과서에 모두 필기하고, 시험 기간이 되면 교과서를 반복적으로 보는 것, 기출문제를 풀어 보는 것만으로도 성적은 빠르게 올랐다. 그리고 부모님의 칭찬과 선생님의 칭찬을 들으며 나는 모든 해답이 공부만 잘하면 술술 풀릴 것이라고 생각했던 것 같다. 그런데 참 이상하게도 성적이 좋고, 등수가 좋아질수록 불안감이 커졌다. 다시 1등을 하지 못할까 봐, 다시 100점을 받지 못할까 봐 불안감이 커졌다.

나의 학창 시절을 떠올리면 수많은 기억이 스쳐 지나간다. 어울리던 친구들, 소풍 갔던 일, 내가 꾼 꿈, 실수했던 것, 좋았던 기억들 모두 하나씩 떠오른다. 공부에 대해 진지하게 생각하기 시작했던 시점에 내가 성적을 좋게 받을 수 있었던 큰 요소 중 하나가 플래너였다. 계획적이지 못한 성격 때문에 플래너를 쓸 생각을 못 했다. 그런데 같은 반 친구가 플래너를 적는 모습을 보니 그 모습이 멋있어 보였다. 그래서 플래너를 하나 사서, 언제 얼마만큼의 양을 공부할 것인지를 적고 나서 공부를 시작한 것이다. 그리고 그날의 목표를 세분화해 적었으니 내가 이루었는지, 못 이루었는지가 극명하게 판단되었다. 그래서 이룬 것은 체크하면서 빨간 동그라미 스티커를 붙였다. 스스로 스티커를 붙여주면서 나를 칭찬했다. 그리고 못 이룬 날은 스티커가 하나도 붙어 있지 않았고, 다음 날 플래너를 보면서 오늘은 꼭 스티커를 하나라도 붙여 보자 생각하고 공부를 시작했다.

목표가 생기면 무엇인가를 할 때 의욕적으로 변한다. 목표 없이는 의욕도 불타오르지 못한다. 그런데 눈앞에 당장 해야 할 구체적인 목표는 지금, 이 순간에 몰입할 수 있게 해준다. 커다란 목표를 세워두고 좀 더 세분화해 지금 당장 할 수 있는 일부터 적어두고 플래너를 적어보면, 정말로 당장 무엇을 해야 할지가 명확하게 보이기 시작한다.

30대가 되어서도 문방구를 보면 자꾸만 들어가게 된다. 아이들이 좋아하는 문방구가 이제는 많은 곳이 무인 시스템으로 바뀌었다. 그 곳에 가면 나는 항상 플래너와 볼펜이 있는 곳으로 가서 좋아하는 펜과 노트를 고른다. 그래서 친척 동생들이나 내가 사랑하는 아이들에게 선물을 줄 때도 노트와 펜, 지우개를 선물하는 경우가 많다. 내가 좋아하는 것을 좋아할 거라는 생각 때문인지도 모르겠다. 그렇게 내 인생이 계속 변해 왔으니 아이들이 그림을 그려도 좋으니, 노트를 받고 기분 좋아했으면 좋겠다고 생각한다.

상상하기를 좋아하고 현실감보다는 상상력 속에 사는 내가 주식 투자에 관한 책을 쓰고, 재테크에 대해 강의하면서 가장 현실적인 돈에 관한 메신저로 살아간다는 사실이 가끔 참 신기하다. 그렇지만 나 또한 여러 시행착오를 겪어왔기에 더 많은 분이 공감해주는 것 같다. 내가 처음부터 계획적이고 돈에 밝은 사람이었다면 강사가 되지는 못했을 것이다. 나 또한 실수하면서 너무나 많은 아픔을 겪어왔다. 그리고 해답을 몰라 답답했다. 그래서 공감이 되는 글을 쓰고, 경험을 나누는 메신저로의 삶을 살고자 했다.

나는 이미 존재 자체로 완벽하다

나의 꿈은 전 세계 사람들이 있는 곳에서 강의하는 것이다. 동기 부여가로 사람들에게 부와 풍요에 관한 이야기로 용기를 주고 싶다. 세상에서 가장 유명한 베스트셀러 작가로, 여행가로, 투자가로 사는 나의 모습이 너무나 선명하게 상상이 된다. 내가 맨 처음 쓴《보물지도 16》이라는 책은 다른 작가들과 공동으로 집필한 책이다. 버킷리스트로 이루고 싶은 꿈을 적는 책이었는데, 가장 먼저 나오는 버킷리스트가 지수 투자 전문가로 살기였다. 그만큼 나는 투자와 재테크에 진심이다. 그래서 많은 사람이 경제적 자유를 이루는 데 투자를 자신의 동반자가 되도록 만드는 데 일조하려고 한다.

우리나라 사람들뿐 아니라 전 세계의 많은 사람이 새벽에 출근해 노동으로 고단한 하루를 보낸다. 형님이 사는 태국에 처음 갔을 때 새벽에 공항에 도착해 아주버님의 차를 타고 이동하던 도중 수많은 태국인이 새벽 버스를 타고 출근하는 모습을 보았다. 그리고 남편과 호주로 신혼여행을 갔을 때도 우리는 여행자라서 즐거운 표정이었지만, 많은 시드니 사람들은 고단한 출근 지하철을 타고 있었다.

자본주의 시스템은 누군가에게는 축복이고, 누군가에게는 비극이 된다. 그런데 누구나 축복으로 만들 수 있는 권리를 가지고 있다. 그래서 나는 이 꿈을 이루기 위해 오늘도 글을 쓰고, 유튜브를 찍고 강의한다. 내 이야기를 들어줄 누군가가 나를 찾아오면 기꺼이 그와 함께 꿈을 이야기하고, 매일 점점 더 발전하는 삶을 나의 생명이 다하는 날까지 살아가려고 한다.

5단계
마스터 플랜을 한눈에 보이게 하라

어떤 사람이 될 것인지 생생하게
상상하는 것 자체가 마스터플랜이다

새마을금고에서 중학생들을 위한 강의를 하다가 어느 날 금융 강의를 들으러 대학생들이 오는 날이 있었다. 그날 내가 강사로 발탁되어 강의 준비를 해야 했는데, 대학생들에게 가장 필요한 금융 강의가 무엇일까 고민이 되었다. 그래서 내가 준비한 것은 단 하나의 메시지였다. '라이프 사이클'을 그리라는 것이었다.

재무학의 기본은 여기서 시작된다. 사회생활을 시작하는 사회 초년생부터 아이를 키우는 중장년, 그리고 은퇴 후 노후의 삶을 그려보는 것이다. 그리고 대부분 돈을 모으게 되는 사회 초년기부터 돈 쓰는 데가 많아지는 중장년기, 그리고 은퇴 이후의 삶을 위해 재무 목표를 세우는 것이다. 당시에는 아주 이론적으로 설명을 했던 것 같다. 나조차도 사회 초년생이었기 때문에 내가 생각하는 라이프 사이클에 대해 설명을 늘어 놓았다. 대학생들 앞에서 강의하려니 나보다는 어리지만, 어린 학생들이 아닌 성인을 대상으로 하는 강의라서 더 긴장이 되었나 보다. 그렇지만 좀 더 구체적인 내용을 설명해주다 보니 스스로 나의 라이프 사이클을 명확하게 그려보는 계기가 되었다.

영화의 주인공은 언제나 나다

나는 내 인생을 한 편의 영화로 생각하고, 시나리오를 1년에 한 번씩 적어 보는 이벤트를 한다. 대부분 새로운 해가 시작되면 플래너를 사고, 새해 목표를 세운다. 그때 나는 새해에 새로운 나의 인생 영화를 써본다. 1년 동안 변화된 점을 참작해 다시 작성해보는 것이다. 내가 성취한 것, 그리고 어떤 사람으로 살아가게 될지, 되고 싶은 사람, 갖고 싶은 것, 하고 싶은 일들을 모두 넣어서 해피엔딩으로 항상 영화를 마친다. 이 영화 시나리오의 주인공은 나이기 때문에 무엇이든지 내 마음대로 쓸 수 있다. 글을 쓰는 것은 온전히 나의 자유다. 그래서 원하는 설정을 하고, 원하는 상황을 만들어둔다.

정말 신기한 것은 그동안 내가 작성한 영화 시나리오대로 너무나 많은 일들이 현실이 되었다. 매일같이 듣는 끌어당김의 법칙, 긍정적인 말, 감사일기, 성공 확언에 관한 이야기를 책이나 유튜브에서 본 적 있는 사람들은 이렇게 말할지도 모르겠다. "아무리 끌어당김을 해도 제 현실이 변한 게 하나도 없어요"라고 말이다. 하지만 내가 만난 수많은 성공자들, 기업가들은 큰 목소리로 말한다.

"I have a dream."

나는 꿈이 있다고 말이다. 그러면서 자신이 쓴 성공 확언, 보물지도를 당당하게 보여준다. 그리고 또다시 생각, 목표와 꿈을 많은 사람에게 이야기한다. 이미 성취한 것이 많아 보이는 사람인데도 또다시 더 높은 곳으로 향하기 위해 매일 목표를 세우고 꿈을 만든다. 그래서 부자인 사람들은 더 부자가 되고, 성공자는 계속해서 성공하는 패턴을 그린다.

지금까지 내가 원하는 모습의 내가 현실에 나타나지 않은 사람들은 지금 당장 과거와 결별해야 한다. 원하는 것을 지속해서 생각하기 위해서는 환경, 만나는 사람까지도 단숨에 바꿔야 한다. 냉정하게 들리는가? 그렇다면 아직 당신은 성공에 대한 갈망이 없는 것이다. 누구나 나와 함께했던 사람들, 나의 환경이 소중하다. 하지만 앞으로 나아가고자 한다면, 한 발짝이라도 내디뎌야 한다는 사실을 분명히 알 것이다. 지금 함께 있어 주는 사람들을 지켜주고 싶다면, 내가 강해져야 한다. 지금까지 머물러 있던 곳은 나의 과거다. 나의 멘토인 김태광 작가님은 과거와 결별하지 않으면 미래와 결별하게 된다고 말해주었다. 그래서 나는 정말로 인생에서 가장 소중한 것을 지키기 위해 단숨에 방향을 바꿨다. 그동안 내가 만나던 사람이 아닌 성공자들을 만났고, 꿈이 있는 사람들과 대화했다.

'생각대로 살지 않으면 사는 대로 생각하게 된다.'

이 말은 폴 발레리(Paul Valery)가 한 말이지만, 정말 너무나 중요한 말이다. 우리 모두에게 적용되는 말이다. 생각하는 대로 사는 사람이 얼마나 적은지 우리는 잠시 멈추어서 되돌아보면 알게 된다. 누구나 사회가 말하는 대로, 선생님, 부모님, 직장 상사가 말하는 것이 당연하다는 생각을 하면서 외부에서 주입된 생각이 마치 내 생각인 것처럼 여기면서 살아간다. 그러다가 문득 깨닫게 된다. 내가 정말로 원해서 한 일은 무엇이고, 앞으로 어떤 삶을 살아가고 싶은 것인지 질문을 던지는 순간이 온다. 그때 가장 먼저 해보아야 하는 것은 간단하다.

노트를 펴서 진짜 되고 싶고, 갖고 싶고, 하고 싶은 일을 무작정 적어 보자. 그리고 적다 보면 생각보다 굉장히 적은 양의 글씨가 쓰여 있을 것이다. 그동안은 집중해서 생각해보지 않았기 때문에 누구나 이루고 싶은 꿈, 평범해 보이는 것들을 적었을 것이다. 그렇다고 낙담할 필요는 없다. 그게 바로 첫발이다. 첫발만 내디디면 갑자기 보이지 않던 기회가 보이게 되고 행동력이 높아진다.

바쁜 에너지 활용하기

바쁘다고 핑계를 대지 마라. 현대를 살아가는 모든 사람은 나름대로 바쁘게 지낸다. 요즘은 초등학생들마저도 바쁘다고 하는 시대다. 그러니 나는 바쁘니까 내 꿈을 이룰 시간이 없다고 말하는 패배자가 되지는 말아야 한다. 꿈이 없으면 무조건 패배자냐고 묻는다면 당연히 패배자다. 왜 합리화를 하는 데 시간을 쏟아야 하는지 나도 알고 있다. 그렇게라도 자기를 위로하지 않으면 견딜 수가 없기 때문이다. 겪어 보았기 때문에 패배에도 빠져 보고, 시련도 겪어 보고 해야 진짜 깨달음을 얻을 수 있다는 것도 안다. 하지만 굳이 뼈가 시리게 겪지 않아도 될 패배와 아픔까지 모두 끌어당길 필요는 없지 않은가.

이미 그 길로 가서 시련과 아픔을 겪은 사람들이 자신들의 시련을 공유해주면서 해결해 나온 방식까지 모두 공유하고 있다. 현명한 사람들은 다른 이의 경험을 타산지석 삼아 더 높이, 더 멀리 나아간다.

마스터 플랜을 한눈에 보이게 만드는 가장 좋은 방법으로 보물지도를 만들 것을 권한다. 모치즈키 도시타카(望月俊孝)의 《보물지도》라는 책을 보면, 지금 당장 눈을 감고 내 주변에 있는 빨간색으로 된 물건이 무엇이 있는 떠올려 보라는 말을 한다. 그래서 나는 책을 펼친 지 얼마 안 되어 눈을 감고 우리 집에 있는 빨간 물건이 무엇이 있는 떠올려 보았으나 잘 떠오르지 않았다. 그러고 나서 다음 문장을 읽었다. 눈을 떠서 둘러보면 빨간색 물건이 곳곳에서 보인다. 하지만 우리는 그것을 인식하고 보지 않았을 때 잘 떠올리지 못한다. 기회도 마찬가지다. 우리 주변에는 수많은 기회가 넘쳐난다. 다만 그것을 볼 눈을 가지고 있지 못할 뿐이라는 이야기를 해주었다.

그날 나는 남편과 함께 다이소로 달려가 보물지도를 만들 코르크 보드 판을 5,000원을 주고 사왔다. 그리고 우리 부부의 보물지도를 함께 만들었다. 구체적으로 원하는 물건, 원하는 상태, 원하는 집을 모두 적어서 그에 맞는 이미지를 모두 프린트해서 붙여 두었다. 우리 집 거실에는 아직도 나의 보물지도가 있다. 가지고 싶은 것, 이루고 싶은 것이 생기면 코르크 보드 판에 붙여둔다. 그리고 현실이 된 보물지도를 보면 정말로 놀랍도록 현실이 되어 있는 나의 꿈들을 본다. 이렇게 나의 마스터 플랜은 보물지도의 형태로 내 눈에 한눈에 들어온다. 아침에 센터로 나가기 전 보물지도를 보며, 오늘 일어날 일을 모두 상상해 보면서 출발한다. 내가 주도적으로 시작한 아침이기에 그날도 나는 승리하는 하루를 보낸다.

6단계
인맥 관리가 1억 원 만들기의 초석이다

인간관계는 한 사람이 가진 우주와
내가 가진 우주가 만나는 것이다

'술을 좋아하는 사람들은 사람을 좋아한다'라는 말이 있다. 나는 어느 정도 그 말에 공감한다. 내가 술을 잘 먹지 못하지만, 20살이었던 첫 대학 OT때 소주를 먹고 신이 나서 박수 치며 노래를 하도 불러서 기숙사로 친구들이 올려 보내주었다고 한다. 참 다시 떠올려 보아도 부끄러워서 이불 킥을 하게 되는 기억이다. 대학교 3학년 때 한참 동안 아픈 이후로는 술을 아예 끊었다. 그러다가 사회생활을 시작하면서 다시 술을 마시게 되었는데, 사람들과 어울리고 싶었던 이유가 제일 컸다. 나는 술을 먹고 나면 기분이 좋아져서 사람들과 수많은 이야기를 나누는 게 좋았다.

그런데 회사생활을 하면서 회식 자리나 동료들끼리 어울리며 술을 한잔 할 때는 항상 상사 욕을 하거나 오늘 있었던 힘들었던 고객 이야기들이 전부였다. 내 인생을 바꾸는 데 전혀 도움이 되지 않는 이야기였다. 잠시나마 위안이 되기는 했지만, 현실은 매일 똑같았다. 그래서 나는 헛되이 시간을 쓰느니 집으로 들어가 자기계발을 하는 것을 택했고, 책을 보는 데 더 시간을 쏟았다. 은행에서는 점심시간이 불규칙적이다. 교대로 번갈아 가면서 먹는데, 그마저도 눈치가 보여 30분 안에 해결하고 빠르게 업무를 보는 것이 일상이었다. 밖에서 밥을 먹으면 체할 것 같아 신입 때는 도시락을 싸 가지고 와서 탕비실에서 도시락을 먹으며 책을 보았다. 한 줄이라도 책을 보아야 마음의 평화가 왔기 때문이다.

자기계발에 힘쓰기 시작하자 만나는 사람들이 바뀌었다. 그동안 회사 동료들, 학교 친구들과 만나 수다를 떨거나 술 마시는 게 나의 여가 생활의 대부분이었다면, 자기계발을 시작한 이후로는 매주 강의를 듣고 꿈에 관해 이야기하는 사람들과 어울리기 시작한 것이다. 꿈맥들은 정말 든든한 지원군이다. 같은 꿈을 꾸는 사람이 아니더라도 어떤 꿈이라도 꿈에 관해 이야기하는 사람들과 같이 있으면 아이디어가 샘솟는다. 누군가가 꾸는 멋진 꿈 이야기를 들으면 내 가슴도 같이 설렌다.

서로 성공한 사람으로 살아갈 것이라는 확신을 두고 말하니, 이야기가 모두 생산적으로 흘러간다. 그리고 실제로 자신이 겪은 성공 사례와 실패 사례들을 나누며 함께 발전한다. 나는 그래서 나의 모든 이야기를 블로그, 네이버 카페, SNS 등을 통해 나누는 데 더 큰 힘을 쏟는다. 나에게 오늘 떠오른 생각과 기억들이 그저 하나의 생각으로 날아가게 두고 싶지 않아서다. 내가 잊는다면 기록을 남겨서 누군가가 보고 실행할 때 다시 나의 우주로 돌아올 것이라는 생각을 하기 때문이다.

내가 실제로 경매 투자를 배운 지 얼마 되지 않아 카페에 공유했는데, 나의 카페 회원이 먼저 경매에 낙찰받았다. 그녀는 내가 쓴 글을 보고, 집 주변에 경매 나온 물건이 있는지 찾아보다가 유심히 지켜보던 지역의 빌라를 낙찰받았다며 글을 썼다. 나는 그 글을 보고 얼마나 기뻤는지 모른다. 2019년에 낙찰받아 인테리어 후 목돈을 만든 그녀의 후기를 보면서 내가 생각하고, 행동하는 모든 것을 더 열심히 나누게 되었다.

사람이 화와 복 그 자체다

사람을 많이 만나는 일을 하다 보니, 나는 내가 만나는 모든 사람이 가진 화와 복을 나도 같이 나누게 된다고 생각한다. 화가 많은 사람과 복이 많은 사람은 얼굴부터가 다르다. 느낌과 풍기는 분위기에서 우리는 에너지로 감지할 수 있다. 무슨 일을 해도 잘되고 잘 풀리는 사람이 있고, 어떤 일을 해도 어려움에 빠지는 사람이 있다. 그 사람이 가진 패턴이기 때문에 누구와 어울리느냐는 정말 중요하다. 낯빛이 어둡고, 음산한 분위기를 풍기는 사람들은 실제로 속내가 시커먼 사람일 확률이 굉장히 높다. 내가 새마을금고를 다니면서 보이스피싱 피해를 입은 사람들이 많아서, 보이스피싱을 정말 꼭 예방해야겠다는 생각에 입출금 통장을 만들 때 정말 주의를 기울여서 만들었다. 보이스피싱이 이루어지기 위해서는 반드시 대포 통장이 필요하기 때문이다. 그래서 입출금 통장 전용 창구를 두고, 담당자가 만들도록 조치를 했는데 내가 한동안 그 역할을 해왔다. 그래서 입출금 통장을 만들 때 정말 이상한 사람들은 바로바로 전체 금고에 알림을 넣어 지금 입출금 통장을 만들려고 하는 ○○○ 씨, 현재 옷차림, 성별들을 공유하며 만들지 못하도록 방지했다.

그런데 어느 날 대게집 사장님이 통장을 만들러 왔다. 그는 깡마른 체격에 안경을 쓰고 성실해 보이는 얼굴로 대게집을 크게 하는데, 입출금 사업자 통장이 필요하다고 했다. 그는 대게를 나르는 사진들을 보여주며, 나에게 통장을 꼭 만들어 달라 했고, 이미 기업은행과 신한은행 등 여러 은행이 통장을 만들어주었음을 어필했다. 대게집 주소와 연락처까지 받아 확인했고, 전화를 받는 것을 확인 후 며칠 후에 통장을 만들어주었다. 그런데 알고 보니 연락처가 핸드폰으로 연결되도록 해서 받은 것이었고, 모든 것이 통장을 만들기 위한 행동이었다. 한 달간 그 통장을 통해서 피해를 본 사람들의 금액이 자그마치 11억 원이다. 통장을 통해서 인출책들은 입금 후 빠르게 ATM기를 통해 끊임없이 보이스피싱을 실행했고, 결국 피해자들의 신고가 잇따르자 통장이 거래정지가 걸렸다. 그 이후 나는 정말 입출금 통장을 만드는 일이 극도로 싫어졌다. 아무리 조심하고 의심해서 물어봐도 내가 막을 수가 없는 것처럼 보였다.

내 주변 5명의 평균이 바로 나 자신이다

어떤 사람을 만나는가에 따라 그날 하루가 완전히 바뀌기도 한다. 나는 내가 해야 할 일들을 했지만, 결국 내가 막지 못한 통장 하나 때문에 수많은 피해자가 생긴 것을 보고 죄책감을 느껴야 했다. 다시 그 사람을 본다면 나는 분명히 분노했을 것이지만, 다시는 만나지 못했다. 아직도 그 사람의 인상착의나 목소리를 기억하고 있다. 그 사건 이후로 너무 완벽한 증거물과 말들로 설득하려 하는 사람은 나에게서 뭔가를 얻어내려는 사람이라고 생각하게 되었다.

내 주변에 있는 5명의 평균이 바로 나 자신이다. 그저 스쳐 지나가는 사람들이 아니라, 자주 만나는 사람들은 내가 의식적으로 선택해서 만나야 한다. 부자들은 절대 아무나 만나지 않고, 식사를 같이하지도 않는다. 밥을 먹으면 자신에게 친숙한 이야기들을 하게 되는데, 부자들이 하는 말 한마디 한마디는 금덩이와 같다. 그런데 자신을 이용하려고만 한다거나 검은 속내가 있는 사람들과 어울리면, 그동안 자신이 이루어온 모든 것이 한순간에 무너질 수 있다는 것을 너무나도 많이 겪어왔고, 주변에서 봐왔기 때문에 더욱 신중히 사람들을 만나는 것이다. 그들이 너무 이기적이라고 생각한다면 당장 생각을 바꿔야 한다. 누구나 소중한 것을 지키기 위한 노력을 한다. 한 번도 자신의 소중한 것을 지키기 위해 애써 본 적 없는 사람이라면 이해하기 힘들겠지만, 단 한 번이라도 목숨 걸고 달려 본 적 있는 사람들이라면 박수를 쳐주고 그들에게서 배워야 한다.

1억 원 만들기의 초석은 바로 인맥 관리다. 내가 만나는 사람들을 내가 원하는 이상을 가진 사람, 이상을 향해 달려가는 사람들로 모두 채워라. 그게 가장 현명한 방법이다. 사람은 언제나 주변 사람과 환경에 쉽게 물든다. 그러니 주변 사람과 환경을 물들고 싶은 사람들로 의식적으로 선택하는 사람은 현명하고 똑똑한 사람들이다. 그리고 먼저 성취해 나와 같은 삶을 살고 싶은 다른 이들을 진정으로 도울 수 있는 위치로 갈 수 있게 된다.

5장

최단기간에 1억 원 만들고 싶은
직장인을 위한 특별 노하우

월급은 가장 큰
행복이자 무기다

정기적인 돈의 힘이 비정기적인 돈을 이긴다

부자가 되기 위해서는 직장인에 머무르지 말라는 말은 들어 보았을 것이다. 하지만 지금 직장인들에게 가장 큰 무기는 월급이다. 내가 지금 있는 곳에서 월급을 받기 때문에 도전을 할 수 있는 것이고, 새로운 꿈을 꿀 희망을 품을 수 있다. 그러니 나의 월급에 감사해야 한다. 당장 할 수 있는 일이 있으니 우리는 돈을 벌 수 있다.

바위를 뚫기 위해서는 한 번에 쏟아지는 물은 소용이 없다. 하지만 지속해서 같은 압력으로 떨어지는 물은 바위를 뚫는다. 월급은 이런 효과를 가지고 있다. 정기적으로 월급의 일부를 저축하고, 투자하는 힘을 키운 직장인은 남들보다 더 큰 힘을 가지고 있다. 그냥 쏟아붓는 것이 아니라 바위를 뚫을 무기를 가진 것이다.

　월급을 어떻게 썼으면 하는지 정확히 생각하고 사용하는 사람이 되어 보자. 내 월급에서 저축과 투자에 쓰였으면 하는 부분을 먼저 넣어야 한다. 그리고 나서 남은 돈으로 생활하고 쓰는 것이다. 내가 저축을 처음 시작할 때 정기적금을 만들었다가 바로 해지하고, 자유적금을 만든 것도 이러한 이유 때문이다. 성격이 급하고 바로바로 결정해야 직성이 풀리는 내 성향상 정기적금은 굉장히 갑갑한 저축의 형태였다. 그래서 자유적금을 가입하고 내가 원하는 양만큼 저축하고 생활을 시작했다. 그랬더니 어느 달은 돈이 모자라기도 하고, 어느 달은 돈이 남기도 했다. 돈이 모자랄 때면 그에 맞게 생활하기 위해 노력했고, 돈이 남으면 원하던 물건을 사면서 쓰기도 했다.

　사회생활을 하고 나서 신입 사원일 때는 절대 신용카드를 만들지 않겠다는 신념이 있었다. 신용카드를 만들면 돈을 물 쓰듯이 쓰게 되어 낭비한다는 이야기를 들었기 때문이다. 그 때문에 나는 한동안 신용카드 없이 생활했다. 그런데 대부계에 있는 선배에게 내 신용점수가 궁금해서 조회 좀 해달라고 하니 신용등급이 당시는 등급제였기 때문에 5등급이라는 말을 들었다. 나는 아무것도 안 했는데, 왜 1등급이 아닌지 궁금해서 물으니 선배가, 원래 사회 초년생들은 신용을 평가할 수 있는 기준이 아무것도 없어서 5등급인 경우가 많다고 했다. 그래서 나는 신용을 올리려면 어떤 것을 해야 하는지 알아보았다.

　신용카드를 만들어두고 고정비용을 지출하면, 신용평가사에서 그것을 오히려 좋게 본다는 것을 알고 나서 새마을금고와 연계해서 카드를 만들어주는 삼성 신용카드를 바로 신청했다. 혜택이 많지는 않았지만, 고정 비용 정도는 여기서 지출하면 되겠다고 생각했다. 그러던 중에 우리 금고에 국민카드를 만들어 달라며 찾아온 직원이 있었다. 안 그래도 필요했는데 만들자마자 상품권 10만 원을 준다고 하니 안 만들 이유가 없었다. 그렇게 나에게 2장의 신용카드가 생겼다. 처음에는 고정비용만 지출하려던 것이 실제로 신용카드를 사용해보니 당장 돈이 나가지 않자 정말로 지출이 늘었다. 한동안은 지출이 늘어난 것에 대해 조심하려고 했다. 그런데 생각해보니 내가 신용카드를 통해 사용하는 돈에 목적을 두고 사용하면 되겠다고 생각했고, 삼성카드는 고정지출, 국민카드는 지기계발 카드로 목적을 정해두고 사용했다. 그랬더니 정말 놀라운 효과를 가져왔다.

자기계발에 대한 레버리지 효과

신용점수도 올랐지만, 내가 그동안 망설이던 큰돈이 들던 자기계발에 아무렇지 않게 돈을 쓰기 시작했다. 《배움을 돈으로 바꾸는 기술》이라는 책을 고속버스 터미널에서 버스를 타고 여행을 가는 동안 보고 싶어서 구매했다. 거기서 정말 충격적인 내용을 보았는데, 저자는 정말로 성공하고 싶다면 성공자들이 개최하는 세미나에 가라고 조언했다. 그리고 자기계발을 하는 데 돈을 아끼지 말라고 했다. 나는 그동안 짠순이처럼 생활을 해왔기 때문에 정말 충격이었다. 자기계발에 있어서 만큼은 돈을 아끼지 말고 해야겠다고 결심하고, 국민카드를 자기계발용 카드로 정하자 비싼 강의들도 들을 수 있게 되었다.

돈을 낸 만큼 나는 반드시 강의를 통해 성장해야 했다. 스스로 마음 가짐이 달라지니 더 빠르게 강의 내용을 실행했고, 성과가 빠르게 나왔다. 사람들 대부분은 선불의 법칙을 모른다. 그래서 저렴한 강의, 온라인 강의만 찾아 듣고, 무료 강의를 찾는다. 그런데 내가 《배움을 돈으로 바꾸는 기술》에서 익힌 내용만큼 정확한 것은 없었다. 정말로 내가 낸 비용만큼 배울 수 있었고, 얻을 수 있었다.

나는 매일 입출금 통장을 만들어주며 겪은 사기꾼들을 보면서 진짜를 가려내는 눈을 가지고 있었다. 진짜 멘토들은 항상 결과를 보여주었다. 스스로 삶에서 진실된 결과를 말이다. 누군가가 이렇게 말했다가 아닌, 자기 삶 자체를 결과로 보여주었다. 그래서 내가 정말 배우고 싶은 영역에서 멘토를 찾을 때 그 사람의 결과물을 보고 판단했고, 신중하게 멘토를 정한 다음 그 이후는 무조건 하라는 대로 실행했다.

나에 대한 투자가 항상 우선순위여야 한다

월급을 사용할 때 나는 2가지로 투자를 실행했다. 자산에 대한 투자와 나 자신에 대한 투자다. 두 부분 모두 나의 월급을 통해서 했기 때문에 모두 내 통제하에 있었다. 진정한 자유는 통제를 의미한다. 내가 통제할 수 없는 영역에서는 성공할 확률이 아주 낮아진다. 제대로 된 종목을 고르고 나서, 재테크 기술을 검증한 이후로는 꾸준히 월급을 통해 자금을 모으고 불려왔다. 처음 저축으로 시작한 돈이 저축과 투자를 통해 1억 원이 되고 나서 부동산 투자로 이어질 수 있었다. 그렇게 나는 새로운 세계로 나아갈 수 있었다. 그리고 직접 경험해보며 나에게 맞는 재테크 방법이 무엇인지를 정립했다.

누구나 다 나와 같은 방식으로 재테크를 하라는 것이 아니다. 하나의 예시로 실행해보면서 자기한테 맞게 바꿔 나가야 한다. 모든 사람은 고유의 삶을 살고, 각자만의 세상에서 주인공이다. 그리고 내가 바라보는 세상 속에 나타나는 모든 사람은 나의 주변인이다. 그렇게 생각하면 다른 사람의 눈치를 볼 이유가 전혀 없다. 그 사람들은 내가 어떤 말을 하든, 어떤 행동을 하든 자기 세계에서 바라보고 싶은 대로 나를 바라볼 것이기 때문이다. 그렇다면 이제는 내가 중심이 되어 그 사람들을 내가 바라는 대로 바라보는 연습을 해야 한다.

모든 사람은 자기 자신을 제외하고 그 누구도 책임질 수 없다. 그리고 책임을 져서도 안 된다. 모든 존재는 자신의 존재를 확인하고 확장하며 살아가는 데 의미를 둔다. 그러니 내가 책임을 지려고 하는 순간, 우주를 파괴하는 일이 된다. 사실 그렇게 되지도 않지만 말이다. 내가 이러한 사실을 말하는 이유는, 내가 직장을 그만둔다고 했을 때나, 새로운 도전을 한다고 했을 때 모든 가족이 나의 도전을 환영한 것은 아니기 때문이다.

게 바구니 이야기를 아는가. 게들이 모여 있는 바구니에서 자꾸만 바구니 바깥으로 나가려는 게가 있으면, 주변에 있는 게들이 집게발로 잡아 다시 바구니 안으로 넣는다고 한다. 바깥세상은 위험하다고 생각하기 때문이다. 하지만 그 바구니 바깥에는 드넓은 갯벌이 있고, 자신만의 집을 지어서 새로운 도전과 모험을 할 수 있는 환경이 있다. 그

곳에 머무를지, 떠날지를 결정하는 것은 오로지 자신의 선택일 뿐이다. 어떤 선택을 하든 책임은 내가 지게 되어 있으니 경제적 자유를 원하는 사람이라면 지금 당장 결단하라. 그 어떤 외부의 저항과 내부의 저항에도 굴하지 않고, 목표만 바라보며 달리겠다고 말이다.

저축하지 못하는 이유를 찾아야 한다
– 이 월급으로 저축은 무리다

장애물을 정확히 파악하면 해결책을 찾을 수 있다

저축을 못 하는 이유가 있다면 가장 큰 이유 중 하나가 빚일 것이다. 지금 우리가 사는 세상이 신용화폐 사회이기 때문에 빚을 가진 사람들이 대부분이다. 주택담보대출일 수도 있고, 신용대출 또는 사업대출, 물려받은 빚일 수도 있다. 그렇지만 그 빚이 나를 옥죄여 오는 큰 암 덩어리로 받아들일지, 아니면 내 존재보다 작은 하나의 점일 뿐일지는 본인이 결정한다.

나에게 상담 요청을 하는 많은 분의 이야기를 들으면, 그 차이가 정말 바로 느껴진다. 노래방을 하다가 코로나 사태로 인해 빚이 2,000만 원이 생겼다고 한 분은 전화로 정말 죽을 것 같다고 했다. 더 이상

이렇게 살다가는 답이 없을 것 같다고 눈물을 계속 흘렸다. 그날 나는 한 작가님을 만났다. 남편이 사업을 하다가 10억의 빚을 지고, IMF 이후로 닥치는 대로 일하면서 빚을 함께 갚아 나갔다고 했다. 그런데 그분이 그 이야기를 하기 전에 나는 정말로 그분이 아무런 인생의 험난한 일 없이 살아온 분인 줄 알았다. 언제나 말을 할 때 힘이 있었고, 우아한 분위기를 가진 분이셨기 때문이다. 그런데 실제로 겪어왔던 인생의 풍파를 들으니 정말로 입이 벌어졌다.

갑자기 닥친 시련 앞에서 사람들은 모두 작아진다. 그리고 그 문제가 나를 짓누르는 느낌을 받는다. 항상 그렇다. 예상치 못한 시련은 너무나 크다. 나의 아픔은 우주만큼 아파도 남의 아픔은 먼지처럼 느껴진다는 말이 맞다. 그러니 당장 눈앞에 있는 문젯거리를 보며 골머리를 썩고 있을지도 모르겠다.

그럴 때 내가 문제를 작게 만드는 방법 하나를 공유하고 싶다. 나는 예상치 못한 문제가 생기면, 우선 자리에 앉은 채로 눈을 감는다. 그리고 그 문제를 커다란 어둠으로 상상한다. 그리고 점점 더 그 문제가 작아져서 작은 점이 되는 상상을 하고 숨을 내쉰다. 그리고 저 멀리 날아가는 상상을 한다. 어떨 때는 작은 점이 된 문제를 손가락으로 튕겨버리는 행동을 하기도 한다. 이 행동과 상상의 가장 큰 장점은 바로 실행이 가능하다는 것이다. 아무리 큰 문제여도 바로 실행할 수 있다. 감당이 안 되는 문제 같아 보여도 우선은 그렇게 행동한 다음 해결 방법을 찾기 시작한다.

신용사회에 빚은 누구나 있지만, 아군과 적군으로 나뉠 뿐이다

빚이 많다면 우선 어떤 빚들이 있는지 정리부터 해보아야 한다. 이자를 감당하기 어렵지 않은 빚과 정말로 고금리 대출이라서 감당하기 힘든 빚까지 모두 적어 보아야 한다. 그리고 먼저 갚아야 할 빚과 갚지 않고, 투자와 재테크로 커버를 할 수 있는 빚을 구분해야 한다. 빚을 다 갚고 나서야 파이프라인을 만들거나 투자를 시작하려고 하면 너무 많은 시간이 허비되기 때문이다.

결국에는 빚도 내 편으로 만드는 사람이 승리하게 되는데, 처음부터 이 점을 인식하고 있으면 바로 적용이 가능하다. 정말로 돈이 들지 않는 작은 사업체를 운영해보았는데 성공적으로 해낸 사업가가 있다.

가지고 있는 목돈 5,000만 원으로 시작한 공유 오피스가 잘 돌아가게 되어 매달 100만 원의 수익을 가져다준다면, 수익률이 무려 20%가 넘게 된다. 그렇다면 20% 이상의 이자를 내야 하는 대출은 정리하는 것이 맞는 것이고, 이율이 낮은 대출을 이용해 사업체를 하나 더 늘리는 결정을 한다면 더 빠르게 수익화 구조가 가능하다.

처음으로 돈을 벌기 시작한 아르바이트생이나 직장인들이 첫 월급을 받으면 꼭 해보았으면 하는 일이 있다. 바로 나를 위해 그 돈을 사용하는 것이다. 그동안 내가 가지고 싶었던 물건을 사거나, 아니면 정말 받고 싶었던 시술을 받아도 된다. 여자라면 누구나 예뻐지고 싶은 욕망이 있다. 그런데 첫 월급으로 내가 좀 더 나아지는 데에 그 돈을 쓰게 되면, 잠재의식 속 기억에 돈을 버는 일을 좋게 남겨 두게 된다.

누군가를 위해서 쓰는 것이 아니라, 나를 위해서 반드시 써야 한다. 그래야 돈을 버는 일이 즐겁다는 인식을 하게 된다. 그게 아니라 희생했다고 생각하거나 나 아닌 다른 누군가가 다 썼다고 생각을 하게 되면, 앞으로도 돈 버는 일이 힘들고 희생하는 일이라고 인식될 것이다.

저축을 처음 시작하고, 재테크를 시작할 때도 마찬가지다. 처음 한 재테크를 통해 모인 돈으로 작더라도 나를 위한 선물을 반드시 해야 한다. 그렇지 않으면 재테크가 고통으로 기억될 수 있다.

나의 도전에 발판이 되어준 직장에 감사하기

내가 누군가를 위해서 돈을 쓰니 모두가 기뻐해주었고, 나 또한 굉장히 기뻤다. 그래서 직장인으로 월급을 받는다는 게 자랑스러웠다. 사회의 한 구성원으로 한 발 내디뎠다고 생각했다. 그래서 그 직장 안에서 더 인정받아 높은 곳으로 올라가고자 노력했다. 그래서 미친 듯이 일하면서도 성장할 수 있었고, 지금의 초석을 마련할 수 있었다. 내가 만약 시간만 보내려고 직장생활했다면, 지금의 나는 없을 것이다. 그곳에서 성장하면서 많은 사람을 만나고 배웠다.

세상에 일어나는 모든 일과 사람은 우연히 만나지 않는다. 내가 당시에 필요한 모든 것을 알려주기 위해 만나는 것이다. 나를 갈구는 상사나 힘들게 하는 고객도 마찬가지다. 그런 모습은 내가 싫어하는 것을 알게 해주고, 그런 행동을 하는 사람이 되지 않아야겠다는 노력을 하게 해준다. 누구나 장단점이 있고, 강약점이 있다. 그러니 모든 것이 나의 세상에 나타나 준 것에 감사하고, 원하는 일에만 집중하면 된다.

월급이 부족해 저축을 못 한다는 말은 절대 하지 마라. 그것은 변명에 불과하다. 정말로 그렇게 생각한다면, 재테크를 시작할 수 있는 어떤 방법이든 찾아 나서라. 돈이 없이도 시작할 수 있는 재테크에는 무엇이 있는지 인터넷을 검색하고, 유튜브를 찾으며, 책을 보고, 강의를 들어라. 그렇게 한 발짝씩 걷다 보면 시작도 안 한 사람들보다 훨씬 더 높은 곳에 서 있는 자신을 발견할 것이다.

생활 자세부터 바로잡아야
1억 원을 모을 수 있다

아침부터 밤까지 우리는 어떻게 행동할지
이미 시스템화 되어 있다

"성공은 무엇으로 판가름할 수 있을까?"

누군가는 경제적 자유를 이룬 모습을 성공이라고 한다. 또는 거대한 기업을 운영하는 기업가, 명예를 얻은 사람들을 성공자라고 부르기도 한다. 하지만 우리는 매일 아침 일어나 잠이 드는 순간까지 매 순간을 살아가고 있다.

나는 오전에 일어나 성공하는 습관을 키우는 방법 중에 이부자리를 정리하면서 삶이 달라졌다는 이야기를 듣고 바로 실행해보았다. 매일 아침 1분 안에 이부자리를 정돈하고, 작은 성공으로 시작한다. 거기서부터 마음가짐이 달라진다. 하루를 뿌듯하게 시작하게 된다.

지구상 70억 인구 중에 나라는 사람이 가진 경험은 오로지 나만이 가진 독특한 경험이다. 그런데 매일 우리는 비슷한 하루를 보낸다. 생활 자세 자체가 돈이 흘러들어 오게 하는 사람이 있는 반면, 돈이 모두 빠져나가게 하는 생활 자세를 가진 사람들이 있다.

예를 들어 우리가 예기치 못한 돈이 들어왔을 때 어떻게 행동해왔는지를 떠올려 보면 된다. 사람 좋아하는 사람들은 크게 한 턱 쏘거나, 쇼핑을 좋아하는 사람은 바로 인터넷 쇼핑을 하며 돈을 쓴다. 이렇듯 우리에게 생기는 돈은 경험, 제품, 서비스를 통해 소비된다. 그러니 돈이 불어나기 위해서는 돈을 버는 방식도 중요하고, 돈을 다루는 방식도 중요하다.

나는 오늘도 성장한다

내 삶에 가장 큰 모토는 성장하는 삶이다. 어제의 나보다 오늘 더 성장했는지를 가장 중요하게 생각한다. 내가 오늘 성장했다고 느끼는 날이면 하늘을 나는 기분이다. 매일 원고를 쓰며, 책 쓰기를 하는 이유도 그 이유 때문이다. 내가 8권의 책을 쓴 작가라고 말을 하면 사람들은 놀란다. 하지만 나에게 책 쓰기는 숨 쉬는 것과 같다. 내 영혼과 대화를 하는 시간이다. 책이라는 결과물을 통해 나는 삶의 의미를 찾는다. 그리고 많은 사람과 소통하는 창구로 유튜브를 촬영하고, 인스타그램, 페이스북, 블로그 등 다양한 창구를 통해 소통한다. 사람들이 주는 영감은 가장 크다.

내가 재테크를 하면서 가장 크게 성장할 수 있었던 계기가 바로 수많은 사람을 만나면서부터였다. 새마을금고 창구에서 수많은 고객이 저축하고, 돈을 찾아갈 때마다 어떻게 돈을 벌고 모았는지, 그리고 찾아갈 때는 무엇에 투자하려는 것인지를 매일 들었다. 그렇게 금 투자, 부동산, 사업에 관한 이야기들을 들으며, 여러 방식의 돈 버는 방식을 접할 수 있었다.

새마을금고는 마을 유지들이 오랫동안 이용을 한 협동조합이기 때문에, 그 마을의 자산가들이 이사인 경우가 많다. 내가 다닌 금고에 가장 VIP였던 이사님 중 한 분은 집안 대대로 자산을 물려받은 분이었다. 나이가 예순이 다 되어가는 분이셨는데, 내가 그분을 볼 때마다 놀란 것은 정말 돈을 철저히 자신이 관리하는 모습이었다. 통장 체크를 자주 하면서 돈을 아무렇게나 쓰는 것이 아니라, 물려받은 자산에 대해 정말 열심히 관리했다. 그리고 돈이 많다고 해서 낭비하는 모습도 본 적 없다. 그분의 생활방식은 아침부터 밤까지 열심히 마을 행사에 참여하며 지역 활동에 참여하고, 필요한 일이 무엇인지를 듣고 자신의 의견을 내면서 보람을 느끼는 분이었다.

돈은 버는 것도 중요하지만 관리를 제대로 하지 못하면, 아무리 물려받은 자산이 많다고 해도 한순간에 사라지는 법이다. 자신이 가진 돈에 감사하는 마음과 매일 더 많은 돈이 나에게 몰려오고 있는 느낌이 있어야 한다.

은행에 피해구제신청을 하러 오는 분들을 보면, 보이스피싱의 피해가 정말 심각함을 알 수 있다. 하루에도 1명씩 보이스피싱 피해구제 신청을 하러 오는데 한순간에 돈이 사라진다. 보이스피싱의 방법이 점점 더 교묘해지고 있어 피해당한 사람들은 절망에 빠진다. 금융 기관에서 30분 지연 인출을 만들고, 통장을 최대한 만들어주지 않아도 아직도 피해가 줄지 않고 있다. 누구나 아차, 하는 순간 당하게 된다. 문자나 전화로 계속해서 나의 돈을 노리는 사람들이 있다. 이렇게 누군가를 신뢰할 수 없는 환경이 점점 더 심해지는 사태가 참 안타깝다.

감정이 가장 큰 파동이다

살면서 누군가를 믿었는데, 커다란 배신을 당한 사람들은 사람을 신뢰하는 데 두려움이 생긴다. 그래서 돈에 관련해 안 좋은 기억을 가진 사람들이 있을 수 있다. 여기서 중요한 것은 돈은 절대 나쁘거나 좋거나 하지 않다는 사실이다.

내가 그 돈을 통해 느끼는 감정이 중요할 뿐이다. 나는 언제든 돈이 생기면 새로운 사업에 투자하는 것을 좋아한다. 새로운 아이디어와 성장을 좋아한다. 그래서 끊임없이 투자하고, 사업을 한다. 누군가가 보기에는 무모해 보이기도 한다. 하지만 내 존재의 근원은 이러한 활동을 통해 기쁨을 느낀다. 그러니 매일 새로운 정보를 보고 생각해 보는 것이 나의 일과에서 중요한 순간들이다. 여러 정보를 통해 종합적으로 사고해보고, 어디에 내 돈과 에너지를 투여할 것인지 우선순위를 정한다.

아침에 일어나 인베스팅닷컴에서 뉴스를 보고, 외환 지수와 채권 금리를 5분 안에 확인한다. 그러고 나서 투자할 시기인지, 아닌지를 판단한 후에 그날 배정된 금액으로 주식을 사기도 하고, 금을 사기도 한다. 하지만 나는 결정하고 나면 다시 보지 않는다. 하루 종일 나의 우선순위가 정해져 있으므로 매 순간에 집중한다.

그날 원고를 쓰기로 했으면, 집중해서 몰입해 원고를 쓴다. 내가 원고를 쓰는 속도를 보며 많은 사람이 놀란다. 사실 자리에 앉으면 여러 장을 한 번에 써내기 때문에, 앉아서 원고만 쓰라고 하면 나에게는 단 3일이면 충분하다. 그런데도 많은 사람이 경제적 자유와 성공을 원한다고 하지만, 이루지 못하는 이유는 단 하나 때문이다. 아웃풋이 아닌 인풋에 집중하기 때문이다. 계속 새로운 스승을 구하고, 새로운 정보를 찾아 나서며, 내가 아직도 모르는 부분이 있지 않을까 불안해한다. 하지만 우리는 모두 그동안 정규과정을 겪으며 넘치게 교육받았다. 아웃풋을 할 수 있도록 도와주는 멘토가 진정한 멘토다.

모든 생활방식을 아웃풋에 집중해야 한다. 내가 하는 모든 행동을 기록하고 남겨야 한다. 그리고 내가 가지고 있는 열망은 반드시 종이에 적어야 한다. 그리고 만나는 사람들마다 이야기해야 한다. 나는 꿈이 있다고, 경제적 자유를 이루고, 가족들과 행복한 삶을 살 것이라고 당당하게 외쳐야 한다.

1억 원이라는 돈은 집합된 돈이다. 내가 돈을 모으기로 결심하고,

더 많은 돈이 쌓여서 생긴 상징적인 숫자다. 누군가가 계속 자격증을 공부하고, 승급을 위한 공부를 할 때 돈 공부를 하는 사람들은 더 빠르게 모든 면에서 성장한다. 돈 공부를 한다는 것 자체가 자기 삶을 소중히 한다는 것이고, 인생에 정말 중요한 것이 무엇인지를 깨달았기 때문이다.

무조건 아끼는 것만이 답은 아니다. 자신에게 투자하라

하루의 정해진 에너지를 어디에 쏟을 것인가는 우리 선택이다

이 세상에서 가장 귀한 자산은 바로 나 자신이다. 나는 나를 만나러 오는 모든 사람에게 강조한다. 자산에 대한 투자와 자신에 대한 투자를 병행하지 않으면, 결과를 얻을 수 없다고 말이다. 자산에 대한 투자는 기술적인 부분이 20%다. 아무리 좋은 기술이라고 해도 자신의 마인드가 따라가지 않으면 성과를 낼 수 없다.

돈 그릇이라는 것은 정말로 존재한다. 직장인의 돈 그릇은 월급 정도다. 나도 그랬다. 직장인이었을 때는 200만 원의 돈 그릇으로 세상을 바라보았다. 그래서 돈을 쓸 때도 10만 원이나 하는 가방은 비싸다고 생각했고, 3만 원 정도 하는 아울렛에서 세일하는 가방을 사서 메고 다녔다. 핸드폰 비용이 무제한은 비싸다고 생각하고, 아끼고 아껴서 와이파이가 있는 곳에서 사용하고, 5만 원 정도의 플랜으로 사용하려고 했다. 그렇게 나의 돈 그릇은 딱 200만 원에 맞추어져 있었다.

우리의 하루 에너지는 정해져 있다. 아끼는 곳에 에너지를 쏟아서 하루에 교통비 3,000원을 아껴서 비용이 더 적게 드는 대중교통을 이용한다고 하자. 그러면 3,000원씩 25일이면 7만 5,000원의 돈을 한 달에 아낄 수 있다. 하지만 집에 오면 녹초가 되어 아무런 자기계발을 하지 못하고 잠들기 일쑤다. 심지어 주말에는 너무 피곤해 운동도 못한다고 하면, 7만 5,000원을 아끼기 위해 나의 모든 에너지가 빠져나간 것이다.

그런데 반대로 집에 1시간 정도 일찍 들어와 자기계발에 1시간씩 시간을 쏟는다고 해보자. 나 같은 경우에 집에 돌아오면 늦은 시간이었지만, 내가 신청해둔 강의를 듣고 실행해보거나, 책 쓰기를 배운 이후로 원고를 쓰고 잠이 들었다. 그렇게 매일 발전하는 자기계발에 돈을 투자했다. 직장인 월급으로는 어마어마한 돈을 자기계발비로 쏟았다. 월급보다 5배가 더 드는 자기계발이라고 하더라도 나는 망설이지 않고 투자했다. 이미 내가 가장 큰 자산이라는 것을 알고 있었다.

초등학교 6학년 때 보아가 가수로 나와서 일본에서 선풍적인 인기를 끌었을 때 들었던 말을 기억했기 때문이다. 당시 SM 엔터테인먼트에 돈을 벌어다 주는 보아가 버는 돈은 하나의 기업을 움직일 만큼이라고 했다. 춤도 잘 추고 노래도 잘하는 보아를 보면서 나는 사람이 저렇게 빛날 수도 있구나, 생각했다. 하지만 내가 잘하는 것을 당시에는 도저히 알 수가 없었다. 그래서 공부를 잘하면 잘 살 것이라는 생각으로 공부에 몰두했던 것 같다.

나는 이미 모든 답을 알고 있다

자신에 대해 잘 아는 사람일수록 빠르게 성공할 수 있다. 자신과 대화하는 방법은 정말 여러 가지가 있다. 책을 읽으며 떠오르는 생각을 적어 볼 수도 있고, 순간순간 격한 감정이 들 때마다 내가 왜 그 순간에 그런 감정이 들었는지를 잠시 멈추어 서서 바라볼 수도 있다. 다른 사람들이 말하는 평가는 그 사람들이 나를 바라보고 싶은 대로 말하는 것이기 때문에 중요하지 않다. 내가 바라보는 내가 정말 중요하다.

내가 좋아하는 책 중에 네빌 고다드(Neville Goddard)의 《리액트》라는 책이 있다. 어떤 상황이든지 그렇게 반응하기로 한 것은 나의 선택이라는 말이 너무나 와 닿았다. 비슷한 상황에 처하더라도 성공자들을 보면, 언제나 당당하고 문제보다 자신을 크게 여긴다. 그래서 그 정도 일은 아무것도 아니라며 가볍게 이겨낸다. 반면 매일 의기소침해 있는 사람은 작은 일에도 큰 반응을 하며, 어떻게 이런 일이 일어날 수가 있는지, 왜 자신에게 이런 일이 생겼는지 탓하면서 이겨낼 수 없을 것이라고 반응한다. 그런데 이런 모든 반응이 모두가 각자 선택한 것이라는 내용을 이 책은 담고 있다. 사실 그보다 더 많은 내용을 담고 있다. 지금 시련의 한가운데 있는 사람이라면 모두가 꼭 보았으면 하는 책이다.

내가 원하는 삶의 스토리

모래를 손에 쥐면 두 손으로 딱 한 움큼씩 쥘 수 있다. 내 손으로 모든 금은보화를 쥐려고 하면 딱 그만큼만 쥘 수 있다. 부가 흘러들어 오는 사람들은 자기 손으로 쥐려고 하지 않는다. 자신의 신념에 따라 세상에 더 나은 것을 만들어내려고 하는 사람들일수록 돈보다는 자신이 꿈꾸는 세상을 만들기 위해 전념한다. 스티브 잡스나, 일론 머스크(Elon Musk) 같은 CEO는 항상 일에 관해 이야기하고 자신의 이야기를 했다.

내가 정말 좋아하는 연설 중 스티브 잡스가 스탠포드 대학생들에게 졸업식에서 했던 말이 있다. 우리가 경험한 모든 것이 점이고, 그 점을 연결해 선을 만드는 것이다. 점이 많으면 어떤 선이든 만들어낼 수가 있다. 그래서 대학생 때 내가 했던 일들은 점을 만드는 것이었다. 무엇이든 새로운 경험을 할 수 있는 곳으로 갔다. 경험을 쌓고 싶었다. 그런데 정말 신기하게도 내가 만들어온 점이 지금의 선을 만들 수 있는 토대가 되었다.

우연히 대학교 특강에 하나은행 PB분이 오셔서 은행 자산관리사에 대한 특강을 해주었다. 마침 공강 시간이라서 들으러 갈 수 있었고, 친구들과 들으면서 은행원도 참 좋은 직업이라고 생각하게 되었다. 그러고 나서 그해 겨울 방학 때 하나은행의 인턴으로 지원해 일해볼 수 있는 기회를 얻었다. 이후 미국에 가서 엔지니어링 회사의 영업 인턴으로 일했다. 영업에 대해서는 하나도 몰랐지만, 사장이었던 토니와 함께 다니며 어깨너머로 어렴풋이 영업에 대해 흥미를 느끼게 되었다.

새마을금고를 다니면서 금고 신문을 만들고, 보험 팀에 들어가 교육도 하며, 다양한 활동을 하면서 경험을 계속 쌓아 나갔다. 그렇게 쌓인 경험이 지금의 일을 하는 데 정말 커다란 경험이 되었다. 아이들에게 금융 강의를 해주면서 내가 강의하며 커다란 에너지를 얻는다는 사실을 알았다. 나는 내가 겪은 시행착오와 경험을 나누면서 다른 이들을 도울 때 보람을 느꼈다. 그리고 살아있는 기분이 들었다. 세상에 내 이야기를 들려주는 일을 하면서 정말 즐거워했다. 그래서 작가로, 코치로, 창업가로 살기로 결심했고, 지금은 30대에 젊은 대표로서 많은 이들에게 재테크에 대해 교육해주는 일을 하고 있다.

내가 있는 곳에서는 어떤 곳에서 있든 나름대로 열심히 일했다. 하지만 상황이 나아지기 시작한 것은 내가 결과물을 만들면서부터였다. 매일 자기계발을 하고 실행을 했던 것이 점점 더 선으로 연결이 되었다. 다른 사람들 앞에서 이야기하는 것을 두려워했던 나를 다시 정의했고, 모든 사람이 나를 좋아하지는 않더라도 나를 좋아해주고 도움이 필요한 사람들에게 있어서 만큼은 진심으로 다가가고 싶었다.

답을 전혀 모르겠다면 내가 지금 흥미를 느끼는 것에 먼저 투자해보아라. 나의 발전을 위해서 어떤 것이라도 좋으니 투자해야 한다. 우주는 선불 법칙이다. 내가 마음을 쏟고, 에너지를 쏟으며, 비용을 내지 않으면 돌아오지 않는다. 자신이 가지고 싶은 것을 이미 가지고 있는 사람들에게 배우기를 주저하면 안 된다. 세상에는 이미 내가 원하는 것이 이미 모두 존재한다. 내가 가지기로 결심을 했다면 바로 실행에 옮기기만 하면 된다.

자본주의는
완벽한 피라미드 구조다

지금 당장 위치를 바꿔라

인도에는 아직도 신분제도인 카스트제도가 있다. 인도 사람들은 머리가 똑똑하고 인구도 많아서 커다란 잠재력을 가진 나라다. 하지만 신분제도 때문에 자본가들이 더 많은 돈을 투자하길 꺼려 하는 것도 사실이다. 이처럼 눈에 바로 보이는 계층 구조는 반발심을 불러온다. 우리나라에도 조선시대까지 분명한 신분제도가 있었다. 하지만 지금은 모두 사라졌다.

자본주의는 명확하게 보이지는 않지만, 완벽한 피라미드 구조가 있다. 상위층, 중위층, 하위층으로 나뉘어 있다. 《지중해 부자》를 보면 정말 충격적인 이야기가 나온다. 그 안에서 지중해 부자는 우리는 모두 피라미드 구조 안에서 살고 있는데, 사람들은 세상이 동그랗다고 믿는다. 하지만 세상은 네모나서, 맨 위에 있는 계급이 대부분을 가져가고, 하위 계급에 있는 사람들은 작은 것을 가지고 싸우려 한다고 말한다.

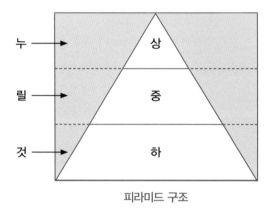

피라미드 구조

자본주의는 계층이 잘 보이지 않는다. 자산과 사업체를 많이 가지고 있는 자산가들은 돈이 일하는 시스템을 가지고 있다. 그래서 상위층에 있으면서 많은 것을 가져간다. 상위층도, 중위층도, 하위층도 매일 열심히 산다. 다만 통제권을 가진 사람은 상위층 사람들이다. 자유의 비슷한 의미가 통제권이다. 자신이 원하는 때에 원하는 곳에 있을 수 있고, 자유롭게 시간을 쓸 수 있는 통제권을 가졌다는 것은 인생을 자유롭게 살 수 있다는 의미다. 적은 노력으로도 많은 것을 누린다. 그런데 하위층에 있으면, 아무리 노력하고 열심히 살아도 가져갈 수 있는 것이 너무나 적다.

중요한 것은 내가 위치를 선택하는 것이다

그러니 위치를 바꾸는 것이 가장 중요하다. 위치를 바꾼다는 것은 한마디로 노동자에서 자본가가 되는 것이다. 직장에 다니며 갑자기 창업하라고 하면 경험이 없으므로 굉장히 위험하다. 그래서 나는 중간단계인 투자를 먼저 시작했다. 투자하면 적은 돈으로도 자본가가 될 수 있다. 그리고 독자에 머물지 않고, 작가가 되기로 했다. 유튜브를 보기만 하는 것이 아니라 유튜브를 찍기로 했고, 블로그에 검색하는 사람이 아니라 정보를 제공하는 사람이 되기로 했다. 한마디로 위치를 창조의 위치로 바꾼 것이다.

나는 아무것도 가진 것이 없고, 경험이 없어서 못 하겠다고 한다면 반드시 《백만장자 메신저》를 보라고 한다. 메신저의 3가지 유형을 보면 용기를 얻을 수 있다. 자료 수집형 메신저가 되든, 연구 기반형이 되든, 성공한 사람들의 인터뷰를 공유해주는 사람이 되든 내가 할 수 있다고 느끼는 것부터 시작하면 된다.

중요한 사실은 내가 이 책을 보고 하나라도 실행했는가이다. 이 책 또한 누군가에게는 도전할 수 있는 하나의 행동을 불러일으킨 책이 될 수도 있고, 그저 스쳐 지나가는 책이 될 수도 있다. 나는 정말 책을 읽고 실행에 옮기지 않는 책은 읽었다고 말하지 않는 것이 좋다고 생각한다. 어차피 책을 읽기만 하고 전혀 인생에 나아진 것이 없는데, 안 읽은 사람과 무슨 차이가 있다는 말인가. 우리나라에 책을 정기적으로 읽는 인구는 2%라고 한다. 그런데 내가 이미 그 안에 들었다는 이야기는 책을 통해 인생을 크게 발전시킬 수 있는 도구를 가지고 있다는 것이다.

위치를 바꿔라. 어떤 환경이고, 무엇을 가졌는지를 생각하기 전에 위치부터 바꿔라. 스마트폰을 들고 다니며, 내가 가는 길에 무엇이 소스가 될 수 있는지 일상을 찍어서 공유해보아라. 내가 간 곳, 내가 느낀 점 등을 그날그날의 사진과 함께 SNS에 나누는 것이다. 이러한 사소한 차이가 당신의 모든 것을 바꿀 전환점이 된다.

아이를 처음 키우는 엄마에게 필요한 것은 선배들의 조언이다. 육아를 처음 하는 사람에게는 정말로 육아를 먼저 했던 사람들의 도움이 필요하다. 그러니 아이를 키우며 겪는 혼란스러운 감정까지 모두 공유해주어라. 그러면 많은 사람이 당신의 글과 사진이 필요할 것이고, 당신은 육아 전문가가 되어 있을 것이다.

철새들이 날아갈 때 가장 앞에서 부대를 이끄는 새가 있다. 새들은 정렬을 이루어 먼 거리를 날아간다. 그들이 그렇게 하는 데는 모두 이유가 있다. 장거리를 이동하는 새들이 하는 비행을 '편대 비행'이라고 하는데, 그동안 많은 새들이 시행착오 끝에 발견한 것이다. 맨 앞에서 가는 새보다 뒤에 따르는 새들은 개별 비행보다 30%의 에너지를 아껴서 날아갈 수 있다고 한다. 어리거나 늙은 새들이 뒤를 따르며 함께 이동하는 것이다. 이처럼 먼저 앞서가는 새들이 가장 에너지를 많이 써서 부대를 이끈다.

다만 먼저 위치를 바꾼 사람들은 자신들이 누리는 것들을, 노력하 사람들이라면 제대로 된 방향을 볼 수 있도록 도와야 한다고 생각한다. 자수성가형 부자들을 만나면, 정말 하루를 마치 48시간처럼 사는 사람들이 많다. 하루도 빠지지 않고 발전하기 위해 온몸으로 노력한다. 그들은 멈추지 않는 용암의 마그마와 같은 에너지를 가지고 있다. 그리고 다른 이들에게 그런 지혜를 나누는 것을 즐긴다. 지금처럼 많은 사람이 이러한 성공자들에게 배울 수 있는 기회가 열린 적이 없다.

나는 정말로 유명한 강사들이 한 강의를 유튜브에서 볼 수 있다는 사실에 소름이 돋는다. 성공학에 대한 강의를 비행기 타고 날아가지 않아도 얼마든지 유튜브를 통해 볼 수 있다. 실제로 그 사람들의 강의를 듣는 라이브 강의는 절대 놓치면 안 된다. 나는 회사에서 온라인 라이브를 통해서 해주는 성공자의 강의를 일주일에 적어도 한 번씩은 보고 있다. 채팅을 통해 궁금한 사실들을 바로 물어볼 수도 있고, 직접 자기계발 강의 강사와 CEO들이 답을 해준다. 이처럼 배우고자 하는 사람들에게는 배움의 장소가 얼마든지 열려 있다.

위치를 바꾸겠다고 선언하라. 그리고 당장 할 수 있는 것을 해보아라. 인터넷에서 내가 원했던 강의를 신청하든, 성공자의 특강을 신청하든 자신이 할 수 있는 것부터 해보면 된다. 먹방만 구독이 되어 있었다면 자기계발 유튜버들을 구독 신청해도 좋다. 내가 자주 보고, 자주 듣는 것이 나의 현실이 된다. 당신의 꿈이 현실이 되는 과정을 모두에게 공개하라. 당신과 비슷한 환경에서 시작한 누군가에게 가장 커다란 힘이 되고 동기 부여가 될 수 있다.

단순할수록
성공하는 이유

진리는 단순하므로 결국 단순함이 이긴다

진리는 단순하다. 세상에 모든 진짜는 단순하다. 복잡하게 이야기한다는 것은 모른다는 것이다. 어려운 용어를 쓰고, 이해할 수 없는 자신들만의 용어로 가득한 곳이 금융이다. 왜 그렇게 복잡한 용어들을 만들어서 쓰는지 이해할 수가 없다. 사람들은 금융 공부, 경제 공부라고 하면 지레 겁먹는다. 익숙하지 않은 단어들이 난무하기 때문이다. 전문가라는 사람들은 친절하게 설명해주지도 않는다. 그러니 공부를 처음에 시작했다가 점점 더 미궁으로 빠지는 기분이다.

내가 처음 주식 공부를 시작했을 때 대학교에서 배운 재무학을 기본으로 기업 분석부터 시작했다. 도서관에서 잔뜩 빌린 책들을 가지고 가치 투자를 시작했다. 그런데 문제는 공부하면 공부할수록 내가 선택한 이 기업이 진짜 가치 투자에 적합한 종목인지 헷갈리기 시작했다. 그래도 적은 돈으로 먼저 투자를 시작해보았고, 운이 좋게도 돈을 벌기도 했다. 하지만 문제는 번 돈에 자신감을 얻어 더 큰돈을 투자했을 때 벌어졌다.

욕심이 생겨서 나의 그릇을 넘어서는 투자를 한 것이다. 일하는 내내 주식이 신경 쓰여서 일에 집중할 수가 없었다. 그래서 가치 투자의 진짜 핵심은 신경 쓰이지 않게 내가 확신하는 종목을 끊임없이 살 수 있는 여유로운 파이프라인이 또 있어야 한다는 사실을 깨달았다. 주식이 수익을 내지 못하는 구간에서도 끊임없이 주식을 매수할 수 있어야 하는데, 전업 투자자이거나 충분한 자금이 없는 상태에서 투자하게 되면 불안감 때문에 버틸 수가 없기 때문이다.

단타 또한 마찬가지다. 차트를 보면서 수시로 판단을 내려야 하는데, 칼같이 매도를 할 수 있는 진짜 단타를 하는 사람들은 아주 극소수다. 대부분이 처음에 벌었던 돈을 한순간에 날려버린다. 한순간에 판단 실수로 빠르게 돈이 사라지기 때문이다. 오랜 기간 패턴을 연구해서 얻은 투자 방법이라면서 전수받아도, 순간적으로 바뀌는 차트에서 감각적인 판단을 내릴 수 있는 사람은 그 방법으로 수만 번 실전 경험을 쌓은 사람들뿐이다. 그러니 처음부터 욕심을 부리며 큰돈을 벌려고 주식 시장에 뛰어든 개인 투자자들은 잔고에 파란 멍이 가득할 수밖에 없다.

단순한 투자일수록 확신을 가질 수 있다

나는 투자를 할 때 아주 단순한 사실에 투자했다. 주식 투자하면서 얻은 진리는 세상에 모든 존재가 모여 있는 곳이 시장이고, 시장은 파동을 그리며 우상향한다는 것이다. 세상이 망할 것처럼 2012년에는 반드시 지구가 멸망한다면서 난리가 났어도 지구는 돌고 있다. 경제 대공황이 온다면서 위기가 올 때마다 떠드는 매체는 많다. 언제나 그렇다. 하지만 오늘도, 내일도 내가 눈을 뜨고 바라보고 있는 세상은 항상 이 순간에 존재한다. 그래서 나는 아주 단순한 사실인 인간이 존재하는 한 시장은 존재한다는 사실에 투자했다.

시장 지수에 대한 종목을 고정해두고 투자를 하게 되면 장점이 5개가 있다. 종목을 고르는 데 에너지를 쏟지 않아도 된다. 수수료가 적게 들어 많은 수익을 내가 가져갈 수 있다. 판단할 때 커다란 흐름을 보고 하므로 쉽게 흔들리지 않는다. 그리고 단순해서 판단을 빠르게 하고, 실행력도 빨라진다. 나는 보통 자산을 대표하는 ETF로 단순하게 자금을 운용하고 있다. 그래서 언제든지 판단을 빠르게 하고 실행할 수 있다. 종목이 많을수록 운용이 어려워진다. 하지만 시장에 대한 투자이기 때문에 그 어떤 분산 투자보다 강력한 분산이 된다.

매일 해야 하는 일을 하는 사람들의 시간표는 단순하다. 그날그날 해야 하는 일들을 해낸다. 하지만 복잡하게 계획만 세워두고 아무 일도 못 하는 사람들은 결국 계획한 일을 못 했다는 사실에 자신에게 실망한다. 결국 복잡하고 어려운 계획들로 인해 주저앉는다. 꿈과 목표는 단순하게 세워야 한다. 그리고 세부적인 것은 할 수 있는 일들을 해나가면서 점점 더 확장하면 된다. 처음부터 너무 어려운 계획을 세워 자신의 기를 죽일 필요가 없다.

처음 재테크 공부를 시작할 때도 나는 단순한 생각을 했다. 지금부터 시작하면 돈을 크게 모을 수 있겠지 하는 생각에 시작했다. 당장 떠오르는 모든 것을 해보았다. 당연히 처음부터 결과가 바로 나오지는 않았다. 하지만 1억 원을 모으겠다는 목표가 생기면서 무엇이든 해보고 싶었다. 우선은 단순하게 목표를 세워라. 그리고 나서 떠오르는 것들을 해보면 된다. 처음부터 완벽한 계획을 세우려고 하면 막히게 된다.

내가 운영하고 있는 한투협에는 초보 투자자들이 ETF 순환매매법을 쉽게 실행하고 있는 수많은 후기들이 있다. 당시에 내가 꿨던 꿈들은 벌써 현실이 되었다. 목표를 글로 적으니 현실로 빠르게 실현되었다. 내가 가지고 있던 소망을 다른 누군가가 봐주면, 우주에 다 같이 신호를 보내게 된다. 그러니 나의 소망이 이루어질 확률이 높아지게 된다.

나를 위해 일하는
파이프라인을 구축하라

내가 생각하는 것이 나의 현실이 된다
지금 당장 여왕처럼 살겠다고 생각하라

새마을금고를 다닐 때 지점장님들과 일을 하면서 나는 자산의 중요성을 깨달았다. 암 수술후 퇴원하자마자 다시 출근했던 전무님은 갑자기 퇴직하게 되면서 절망에 빠진 모습이었다. 그와 반면에 나와 같은 동네에서 출근하던 상무님은 금고를 다니면서 꾸준히 해둔 부동산 투자 덕분에 언제나 여유로웠다. 술이나 담배는 전혀 하지 않는 분이었고, 주말이면 항상 강의를 듣거나 공부하셨다. 나는 자기만의 시간에 어떤 공부를 하느냐가 그 사람의 인생 방향을 결정한다는 것을 알았다.

부동산 투자만이 파이프라인이라는 것이 아니다. 우리나라의 경기 주기는 평균적으로 3년 반이다. 그중에 경기가 좋지 않은 것이 2년 반에서 3년이 되다 보니 항상 경기가 좋지 않다가 잠깐씩 좋아지면 부동산 경기부터 활황이 된다. 안전하면서 수익이 나기 때문이다. 그러므로 우리나라에는 부동산 부자가 많다. 하지만 부동산 투자를 시작하려면 기본적인 투자 시스템을 알아야 한다. 대부분이 아무런 정보 없이 뛰어들었다가 교훈을 얻게 되는데, 부동산은 자금 단위가 크다 보니 충분히 배우고 나서 실행해도 늦지 않다.

그렇다면 부동산이나 주식과 같은 자산이 아닌, 또 다른 파이프라인을 만들 수 있는 수단에는 무엇이 있을까. 나는 점점 더 사업의 개인화가 우리에게는 커다란 기회라고 보고 있다. 예전에는 지마켓, 옥션과 같은 큰 온라인 업체에서 MD가 상품을 팔았던 반면, 지금은 누구나 쿠팡 파트너로 등록할 수 있고, 네이버 스마트스토어를 통해 물건을 판매할 수 있다. 1인 창업이 크게 유행하고 있는데, 나는 1인 창업에 대해 먼저 시작한 선배로서 3년 동안 한책협에서 강의를 해왔다.

1인 창업은 누구나 지금 당장 시작할 수 있다. 바로 나 자신이 기업이기 때문에 내가 전하고자 하는 메시지가 무엇인지를 분명히 하면 무자본으로 창업할 수 있다. 최근에는 개인 출판사를 열어서 창업을 시작하는 사람들도 많아졌다. 주변의 여러 사람이 창업에 도전하는 것을 보면서 성공과 실패를 가르는 가장 중요한 요소는 '확신'이라는 것을 알았다. 누군가는 '정말 내가 그렇게 될 수 있을까?' 확신 없이 시작한다. 그러니 조그만 장애물이 생겨도 바로 포기한다. 그동안 쏟아왔던 모든 노력이 물거품이 된다. 하지만 확신이 있는 사람들은 어떤 시련이나 위기가 와도 문제 해결법에 집중한다. 결국 자신이 믿는 대로 된다는 것이다.

나는 ETF를 처음 알았을 때 사람을 통해 알았다. 메이저 증권사들은 처음에는 펀드 수수료가 더 컸기 때문에 인덱스 펀드나 ETF에 대해 크게 홍보하지 않았다. 그래서 기존에 가장 큰 펀드 회사들인 미국의 블랙록이나, 한국의 미래에셋증권, 키움증권 등의 회사는 ETF를 크게 마케팅하지 않았다. 하지만 후발주자였던 미국의 뱅가드 그룹, 한국의 삼성증권은 ETF를 만들고, 계속해서 사람들에게 알려왔다. 투자해본 투자자들이 입소문을 내면서 증권사 또한 빠르게 성장했다. 이만큼 사람들이 자신이 경험한 것에 대해 알리는 구전 소문은 강력하다.

미국에서 일하는 동안 일주일에 한두 번은 세미나에 참석했다. 대학생들이 내는 아이디어 중 투자할 만한 아이디어가 있는지 엔젤 투자를 하는 세미나, 건축회사들이 자신들의 새로운 건축 사업에 대해 투자받는 세미나, 정부가 주최하는 국가의 식품 안전을 위해 필요한 것이 무엇이 있는지 토론하는 세미나, 나이지리아 대사관에서 주최하는 나이지리아 공항 건설을 위한 세미나 등 정말 다양한 곳에서 여러 사람을 만났다. 그들은 하나같이 열정적이었고, 서로가 가진 정보를 나누는 데 거리낌이 없었다. 가장 빠른 정보는 바로 이런 곳에서 얻을 수 있다. 그래서 사장이었던 토니가 왜 나에게 계속 그런 세미나를 가게했는지 이제야 이해가 된다. 가장 좋은 사업의 아이디어는 바로 이런 곳에서 얻을 수 있기 때문이었다.

우주도 확장하고 팽창한다

세상은 매일 변하고 발전한다. 그래서 가만히 있으려고 하는 사람들일수록, 시간이 지날수록 위기감을 느낀다. 나는 가만히 있다고 생각했지만, 나를 제외한 사람들은 앞으로 달려가고 있었기 때문이다. 지금은 모든 사람이 정보를 구독해 얻는 구독경제 시대다. 나에게 맞는 정보를 주는 것을 구독하고 멤버십 가입을 한다. 넷플릭스가 처음 나올 때만 해도 왜 돈을 주고 가입하는지 이해하지 못했던 사람들이 많았지만, 지금은 대부분 사람이 구독해 영상을 보고 있다.

2023년부터 시작된 AI 시대 또한 세상을 빠르게 변화시킬 것이다. 1995년에서 1996년에 우리가 겪은 IT 붐만큼이나 강할 것이다. 이런 시대에 우리는 인간만이 할 수 있는 일에 집중해야 한다. 사람은 누구나 고유의 경험을 지니고 있다. 자기 경험을 토대로 다른 이들과 나눌 수 있는 창구는 이미 열려 있다. 당신은 결심만 하면 된다.

작은 벽돌 하나를 움직이는 노력

파이프라인 건축은 처음에는 하나의 벽돌을 옮기는 데서부터 시작한다. 우리는 모두 열정을 가지고 처음 시작은 잘한다. 하지만 시간이 지나고 나서 보면 많은 사람이 같은 행동을 반복하고 있지 않다. 이러한 문제를 해결하는 방법으로는 3단계 목표 설정법이 있다. 목표를 A, B, C로 나누어서 세워 보는 것이다.

A목표는 단기간에 이룰 수 있고, 벌써 해낸 것들을 세워두면 된다. 그리고 B목표는 좀 더 오래 걸리는 목표로, 1~2년 안에 이룰 수 있는 것으로 세운다. 그리고 마지막 C목표는 말도 안 되게 높아 보이지만, 가슴 뛰는 목표를 세워보자. 나의 C목표는 전 세계에서 가장 유명한 ETF 운용사의 CEO가 되어 수많은 사람 앞에서 동기 부여 강의를 하는 것이다. 강의를 듣는 사람들이 모두 일어나 박수 치는 장면을 상상하면 열정이 솟아난다. 그러고 나서 당장 내가 해야 할 A를 매일 실행한다. 그리고 중간중간 B목표를 얼마나 달성했는지를 체크해본다.

이렇게 나의 파이프라인은 벌써 10가지가 되었다. 주식 수익(분배금, 차익), 부동산 수익(월세, 매매 차액), 유튜브 수입, 책 계약금 인세, 플랫폼 사업 수입(여행, 건강, 뷰티 업종), 강의료, 광고료, 소지용 자산(차, 시계, 금, 달러) 등의 가치 상승에 대한 수입까지 정말 내가 작게는 당장 필요한 것들을 했을 뿐인데, 나중에는 크게 돈으로 돌아온 것들도 많다.

지금 당장 나를 위해 일하는 파이프라인 구축을 시작하라. 직장인도, 주부도, 프리랜서도 모두 시작해야 한다. 내가 하겠다는 마음을 먹었다면 바로 3단계 목표를 세우고, 당장 할 수 있는 일들부터 해보자. 시작도 하지 않은 사람들보다 3개월 후, 1년 후 나의 모습은 완전히 달라져 있을 것이다.

직장에 다닐 때
부자가 될 준비를 해야 한다

오직 지금, 이 순간만이 존재하기에 당장 시작해야 한다!

바위를 뚫는 물은 한 번에 퍼붓는 물이 아니라 지속해서 떨어지는 한 방울의 물이다. 직장에 다닐 때 부자가 될 준비를 해야 하는 이유다. 우리가 직장에 다니면서 받는 월급은 한 방울의 물이다. 정기적인 돈의 힘은 비정기적인 돈보다 힘이 세다. 갑자기 생긴 돈보다는 지금 나에게 지속해서 들어오는 돈 중에서 일정 부분으로 반드시 재테크를 시작해야 한다.

남동생이 최근에 퍼스널 트레이너로 동네에 작은 피트니스 센터에 취업했다. 건축과를 나와 방황하던 동생이 취업했다는 소식에 함께 축하해주었다. 그리고 첫 월급을 어떻게 쓰는지 보게 되었는데, 부모님

선물을 사드리고 월급 통장에 그대로 넣어두는 모습이었다.

　내가 처음 회사에서 월급 통장에 돈이 들어왔을 때 나는 수시로 나의 통장을 매일매일 체크해보았다. 창구에 앉아서 내가 얼마나 돈을 모았는지 매일 볼 수 있는 환경이었기 때문이다. 하지만 내 동생과 같이 금융과 전혀 관계없는 일을 하는 사람들은 자신의 잔고를 수시로 확인해보지 않는다.

　그래서 나는 동생에게 간단한 조언을 했다. "네가 버는 돈으로 이제 청약 통장에 들어가는 10만 원을 스스로 넣어야 하고, 고지서가 나오는 핸드폰비 등은 신용카드를 하나 만들어서 납부해라. 그리고 매달 들어온 돈 중에 너의 발전을 위해 쓰는 돈에는 아끼지 말되, 생각 없이 사라지는 돈이 있는지 한 달에 한 번이라도 월급날에 통장을 들여다보는 습관을 가져야 한다"라고 말이다. 그리고 돈을 모아서 불리고 싶다면, 관심이 생기는 모든 사업과 투자에 대해 조언해줄 수 있으니 언제든지 나에게 물어봐 달라고 했다. 마음 같아서는 바로 실행할 수 있게 이것저것 모두 알려주고 싶었지만, 원래 가족이 말하면 잔소리처럼 들리는 법이니 아주 기본적인 것만 알려주고, 스스로 물어볼 때까지 자신이 선택하도록 하려 한다. 어떤 공부든지 누군가 말을 해서 하라고 하면, 나의 의지가 아니기 때문에 청개구리 심보가 들기 마련이다. 그러니 나의 소중한 가족일수록 말을 아끼는 것이 맞다.

과거, 현재, 미래라는 시간은 없다
오직 이 순간만 있을 뿐이다

지금은 벌써 늦은 것 같다고 말하는 직장인들도 있다. 다른 사람들은 처음 월급을 받았을 때부터 저축해서 벌써 몇천만 원을 모았다고 하는데, 내 통장에는 카드값이 빠져나가고 나면 아무것도 없다고 말이다.

그런데 우리가 기독교라는 종교를 가지고 있지는 않아도 한 번쯤은 들어본 적 있는 이름이 있다. 바로 모세다. 모세는 갑자기 떨기나무 가운데에서 신의 음성을 들었다. 그리고 이집트 파라오 왕이 다스리던 시절에 왕족이었던 모세는 노예 생활을 하던 사람들을 데리고 나가 광야에서 40년간 이끌면서 그들을 노예에서 해방시켰다. 당시 깨달음을 얻은 모세의 나이가 80살이다. 그가 위대한 일을 했다고 《성경》의 역사서들은 기록하고 있다.

나는 종교를 초월해 신을 믿는다. 내 안의 근원이 세상에 존재하는 모든 것과 연결되어 있다고 믿는다. 그래서 《성경》은 대부분 역사와 비유로 이루어진 소설이라고 생각한다. 하지만 그 안에 담긴 지혜는 진짜다.

사람들은 대부분 항상 무슨 일을 시작하든지 안 되는 이유를 찾는다. 내 나이가 너무 많아서 안 된다. 지금은 해야 할 일이 많아서 안 된다. 시간과 돈을 가지고 온갖 안 되는 방법만 생각한다. 그래서 결국 지금 자기 상태에 대해 합리화를 시켜버린다. 그래서 인생에 한 번쯤 겪게 되는 시련이 있는데, 대부분이 질병이나 사고다. 그렇게 나의 영혼을 뒤흔드는 일을 겪게 되면 그때부터 생각한다.

나는 왜 사는 것인가? 내가 이 세상에 왜 태어났나? 종교를 떠나서 자신의 근본적인 존재에 대해 질문을 하는 시간을 가지게 된다. 내가 20대 초반에 건강이 심하게 안 좋아지자 가장 먼저 한 생각이 바로 그것이었다. 왜 나에게 이런 일이 일어난 것일까. 도대체 내가 무엇을 잘못했다고 이렇게 몸이 아픈 것일까. 고통 때문에 눈물을 흘리면서 되물었다. 하지만 결국 그 시간에 만났던 자기계발서들이 나의 삶을 바꿨다. 인생을 먼저 살아갔던 선배들의 조언이 귓가에 들리는 것처럼 생생했다. 그리고 나에게 다시 일어설 용기를 주었다. 항상 기회는 시련처럼 온다. 강렬할수록 내 영혼의 안내자는 나를 붙드는 것이다.

내가 돈을 좋아하고, 도전과 성장을 좋아하는 것은 나에게 용기를 준 역사 속 사람들, 그리고 현시대에 함께 존재하는 멘토들을 보면서 나 또한 깨달음을 얻었기 때문이다. 그리고 꿈이 생겼다. 누군가에게 나 또한 그런 존재가 되고 싶다는 목표가 생겼다. 그래서 책을 쓰고, 유튜브를 찍으며, 매일 나의 깨달음을 나누는 데 나의 존재의 목표와 세계적인 목표가 모두 있다.

최근에 친척 동생들과 함께 저녁 식사를 했다. 나는 내 꿈에 대해 아이들에게 계속 말했고, 이제 막 중학생이 된 친척 동생은 자신의 꿈을 말하는 것을 부끄러워했다. 하지만 자신이 무엇을 좋아하는지는 당당히 말했다. 그림 그리고, 만화를 그릴 때 행복하다고 말이다. 그리고 초등학생이었던 동생은 세계적으로 유명한 성악가가 될 것이라며 그 자리에서 노래를 계속 불렀다.

나는 나를 사랑한다

나는 교육이 우리에게 주는 가장 큰 영향은 자신을 자꾸 드러내지 말라는 것에서 가장 큰 문제점이 생긴다고 생각한다. 단체 생활에서 한두 명이 튀는 행동을 하면 통제가 되지 않기 때문에 계속 다른 아이들과 비슷한 생각과 행동을 하도록 만든다. 하지만 아직 교육시스템에 완전히 젖어 들지 않은 초등학교에 다니는 아이들에게는 꿈을 물으면 정말 위대한 꿈들을 말한다.

학교를 나와 사회생활을 하면 이런 점이 더욱 뚜렷해진다. 단체로 생활하는 회사생활에서 튀는 사람은 사라진다. 비슷한 옷을 입고, 비슷한 의견을 내는 사람들만이 영혼을 죽이고 검은 옷 속에 자신을 가둔다. 내가 근무시간이 자유로운 회사에 다니는 것과는 전혀 상관이 없다. 복장 자유가 있으니 우리 회사는 다르다고 말할 수도 있다. 하지만 어떤 회사든 회사를 만든 주인은 따로 있다.

정말로 자신을 위한 삶을 살고자 하는 사람들이라면, 반드시 자기 자신만을 위한 시간을 가지는 것부터가 시작이다. 직장에서 늦게 끝나 새벽이 되어서야 집에 들어오면 대부분 그냥 핸드폰을 보다 잠이 든다. 나는 늦은 새벽, 책상에 앉아 나의 꿈을 적었다. 버킷리스트를 적었고, 틈만 나면 행동할 수 있는 것들을 찾아 밖으로 나갔다. 나는 사람들과 어울리는 것도 좋아하지만, 하루 중 가장 행복한 순간이 언제인지 묻는다면, 나와 대화하는 시간이다. 책을 읽거나, 원고를 쓰면서 나와 대화하는 순간이 가장 행복하다. 누구에게도 방해받지 않는 순간 말이다. 생각의 생각이 꼬리를 물고 확장되어가는 그 순간이 나는 정말 행복하다.

지금도 스타벅스에 앉아 여러 공부를 하는 사람들, 수다를 떠는 사람들 사이에서 원고를 쓰고 있다. 지금 내가 할 수 있는 일들에 감사하며, 이 책을 읽을 단 한 사람을 상상하며 글을 쓰고 있다. 처음 직장에 다니며 반드시 경제적 자유를 이루리라 밝게 웃던 20대의 나에게 글을 쓰고 있다. 그때의 나에게 말해줄 수 있다면 이렇게 말하겠다.

"잘하고 있어. 지금처럼 어떤 일이 있어도 포기하지 마. 정말 대단하다, 이슬아. 넌 정말 열심히 자신의 길을 가고 있는 거야. 그러니 매 순간 보이는 모든 것에 행복하고 감사하자. 그리고 정말 고마워."

직장에 다니는 모든 직장인 여러분에게 말한다. 직장 상사, 동료, 고객들은 당신 삶의 일부분이다. 가족, 소중한 나의 사람들도 일부분이다. 당신의 전부는 오직 당신이니까 책임질 수 있는 사람도 바로 나 자신뿐이다. 그러니 지금 당장 소리 내어 말하라.

"나는 부를 누릴 권리가 있다! 종잣돈 1억 원은 나의 부의 튼튼한 씨앗이다."

자신이 주인공인 인생 영화의
시나리오를 써보라

지금까지 얼마나 노력을 많이 해왔는가? 부단히 노력한 자신을 나 자신은 알고 있다. 성실하게 학교에 가고, 직장을 다니며, 가족들을 위해 쏟은 당신의 에너지는 정말 소중하다. 이 책의 종잣돈 1억은 경제적 자유의 초석을 상징한다. 자유를 이루고 나서 내가 어떤 삶을 살아갈 것인지 아직 생각해보지 못한 분들이 해보면 좋은 활동이 있다.

이제 인풋이 아닌 아웃풋을 시작할 때다. 다른 모든 활동 중에 어떤 것부터 해야 할지 모르겠다면, 우선은 자기 삶을 주인공으로 한 인생 영화를 써보자. '나'를 주인공으로 한 영화의 시나리오라니? 처음에는 어색할 수 있다.

처음에는 나의 인생 영화 시나리오를 아무도 읽지 못하는 비공개 글로 온라인에 적었다. 그리고 혼자 웃으면서 그 글을 보고 '정말로 그랬으면 좋겠네'라고 생각했다. 그리고 지금 나의 삶은 시나리오대로 굵직한 사건들이 펼쳐지고 있다.

시나리오를 쓰고 나서 달라진 점은 크게 세 가지다.

첫째, 삶의 희로애락에 담대해진다. 나는 감정적인 사람이다. 그래서 힘들 때 더 굴을 파고 들어가 어둠 속에 갇힌 적이 많다. 예상치 못한 사건이 발생하면 그 일 때문에 너무 큰 감정적 고통을 겪었다. 하지만 내가 객관적으로 나를 보고 난 이후부터는 문제가 생기면 해결점만을 생각했다. 기쁜 일이 생기면 더 즐기고 그 순간에 집중했다. 그렇게 나는 모든 삶에서 긍정적인 면만을 의식적으로 보고자 했다. 내가 나에게 명령한 것이다.

둘째, 자신감이 생겼다. 어떤 일을 도전할 때 가장 중요한 것은 무엇일까? 나는 확신과 용기라고 생각한다. 하고자 하는 일을 할 때는 성공적으로 해낸 나의 모습을 보고 시작해야 한다. 물론 그 과정에서 내면과 외면에서 저항이 생긴다. 내가 과연 해낼 수 있을까? 문득 자신에 대한 의심이 생기거나 주변에서 응원해주지 않는 상황이 생길 수도 있다. 하지만 그럴 때마다 내가 처음 보았던 성공한 나의 모습을 다시 되새겨야 한다. 시나리오를 쓰다 보면 나도 모르게 빠져든다. 그리고 정말로 그러한 일을 아무렇지 않게 해내고 있는 나의 모습에 자신감이 생긴다. 끊임없이 공부하고, 정보를 찾으며, 생각만 할 때는 스스로 작아지게 된다.

마지막으로, 주체성을 되찾았을 수 있다. 나는 내가 환경이나 사회적인 구조는 바꿀 수 없는 존재라고 생각했다. 내가 아무리 내 삶에 만족하고 성공한 삶을 살았어도 위대한 위인들과 같은 일은 할 수 없는 사람이라고 막연히 생각했다. 하지만 인생 영화의 시나리오를 쓰고 나서야 내가 내 인생의 주인공이자 내 우주의 창조자였음을 알았다. 그리고 그 누구도 나의 삶에 대해 대신 써주거나 살아줄 수도 없다는 사실을 알았다. 정말 무너지지 않을 것 같던 거대해 보이던 사람과 환경들이 그제야 내가 만든 것임을 알았다. 그러고 나서 나는 정말로 하고 싶은 일, 되고 싶은 사람, 갖고 싶은 것들을 마음껏 표현할 수 있었다. 그리고 내 욕망과 열망을 보았다. 아무도 신경 쓰지 않고 아무런 가식 없이 모두 펼쳐냈다. 인생 영화 시나리오를 쓰며 스스로와 진정한 대화를 할 수 있었다.

이 정도면 당신도 인생 영화를 써볼 생각을 하지 않을까? 10분이라도 잠시 시간을 내어 펜이 있다면 펜으로, 키보드가 있다면 온라인에 글을 써보라. 그리고 혼자서 웃는 그 시간이 바로 내가 말한 자신과의 진정한 대화가 일어나는 순간일 것이다. 조용한 곳에서 '진아(眞我)'와 만나는 순간 당신의 삶은 변화하기 시작한다. 그리고 또 다른 나와 같은 존재들에게 알리고 싶은 충동이 생길 것이다. 그래서 우리는 모두 메신저다. 경험을 통해 깨달은 것을 나누고 성장하며 서로 기뻐하고 축복해주며 살아가야 한다. 그래야 숨을 쉴 수 있고 영혼이 기뻐하며 춤을 출 것이다. 지금 떠올리고 있는 수많은 나, 바로 당신의 인생 영화를 기대하고 있다. 자신의 글을 나누고 싶다면 네이버 카페 〈한투협〉의 버킷리스트/인생 영화 게시판에 나누어 주길 바란다. 같은 뜻으로 모인 집단지성은 더 큰 힘을 발휘한다. 나와 연결된 당신을 언제나 어느 순간이든 크게 응원한다.

평범한 당신의 인생을 바꿀

최단기에 1억 원 모으는 법

제1판 1쇄 2023년 11월 15일
제1판 2쇄 2024년 2월 5일

지은이   주이슬
펴낸이   허연   **펴낸곳**   매경출판(주)
기획제작 ㈜두드림미디어
책임편집 배성분   **디자인**   얼앤똘비악earl_tolbiac@naver.com
마케팅   김성현, 한동우, 구민지

매경출판㈜
등록 2003년 4월 24일(No. 2-3759)
주소 (04557) 서울시 중구 충무로 2(필동1가) 매일경제 별관 2층 매경출판㈜
홈페이지 www.mkbook.co.kr
전화 02)333-3577
이메일 dodreamedia@naver.com(원고 투고 및 출판 관련 문의)
인쇄·제본 ㈜M-print   031)8071-0961
ISBN 979-11-6484-609-2 (03320)